동학으로
가는 길

이승현
송보나
박맹수
지음

동학으로 가는 길

이야기와 함께하는
우리가족 동학답사기

동연 모시는사람들

동학으로 가는 길

등록 1994.7.1 제1-1071
1쇄 발행 2018년 4월 30일

지은이 이승현 송보나 박맹수
펴낸이 박길수
편집인 소경희
편 집 조영준
관 리 위현정
디자인 이주향
펴낸곳 도서출판 모시는사람들
　　　　03147 서울시 종로구 삼일대로 457(경운동 수운회관) 1207호
전 화 02-735-7173, 02-737-7173 / 팩스 02-730-7173
홈페이지 http://www.mosinsaram.com/

인 쇄 천일문화사(031-955-8100)
배 본 문화유통북스(031-937-6100)

값은 뒤표지에 있습니다.
ISBN 979-11-88765-11-9   03910

이 도서의 국립중앙도서관 출판예정도서목록(CIP)은 서지정보유통지원시스템 홈
페이지(http://seoji.nl.go.kr)와 국가자료공동목록시스템(http://www.nl.go.kr/
kolisnet)에서 이용하실 수 있습니다. (CIP제어번호: CIP2018010734)

왜 지금 다시 동학인가?

4차 산업혁명이 요즘 화두이다. 이 말은 2016년 1월 스위스 다보스에서 개최된 세계경제포럼에서 클라우스 슈밥(Klaus Schwab) 회장이 처음 언급한 것으로 알려져 있는데, 슈밥 회장에 의하면 4차 산업혁명은 융합기술을 바탕으로 지금까지 우리가 살아 왔고 일하고 있던 삶의 방식을 근본적으로 바꿀 기술혁명이다. 4차 산업혁명은 이미 시작됐으며, 전 세계가 초연결사회로 빠르게 진입하고 있다. 초연결사회는 사람과 사람, 사람과 사물, 사물과 사물 등 모든 것이 지능화된 네트워크(Internet of Everything)를 구축해 연결되는 세상을 의미한다. 아니나 다를까 최근 각종 매체에서는 인공지능, 로봇, 사물인터넷, 가상현실, 3D프린팅, 무인자동차, 빅 데이터 분석이란 단어가 심심치 않게 등장한다. 한국고용정보원은 현재 국내 직업 종사자 61.3%는 앞으로 사라질 '고위험 직군'이며, 2025년에는 현재 직업군의 70% 이상이 인공지능·로봇으로 대체될 것이라는 분석을 내놓았다. 이에 불안감을 느끼는 초등학생 부모들은 자녀를 코딩학원에 보내는 바람이 불고 있다.

코딩교육이 4차 산업혁명을 대비하는 올바른 방법일까? 사실 코딩 자체는 기계가 더 잘할 수 있다. 3차 산업혁명 때까지는 정답이 있는 시대였지만, 4차 산업혁명 시대는 정답이 없는 시대여서 예측하여 준비하기 힘들다. 이제까지는 한 가지만 특별하게 잘하면 된다는 게 유효했지만, 미래 사회에서는 한 사람이 서너 가지 이상의 분야에 걸친 지식을 융합하여 활용하는 융복합 지식이 중요하다 한다. 인간에게 쉬운 일이 기계에 어렵고, 기계에 쉬운 일이 인간에게 어렵다는 역설도 주목할 만하다. 모든 아이들이 로봇공학자, 나노생명과학자가 될 수는 없을 것이다. 미래는 혜성처럼 갑자기 나타나지 않는다. 어제와 오늘이 쌓인 결과가 미래이기 때문이다.

동학에 미래를 묻다

동학을 다시 알게 된 것은 2014년 가을, 모시는사람들의 박길수 대표가 전해준 박맹수 교수의 저서 『동학농민전쟁과 일본』, 『생명의 눈으로 보는 동학』을 통해서였다. 그전까지 동학에 관한 지식은 그저 학창시절 중학교 교과서에서 탐관오리 고부군수 조병갑의 학정에 못 이겨 농민봉기를 일으킨 전봉준 장군에 관한 것이 전부였던 내게 동학혁명 당시 일본이 개입했고, 일본군에 의해 이 땅에서 최초의 제노사이드(대학살)가 자행됐다는 책의 내용(역사)은 충격이었다. 또 동학을 150년 전 수운 최제우 선생이 창시한 우리 민족종교 정도로만 이해하고 있던 내게 생명과 평화사상으로서 동학을 바라본 관점은 신선한 충격으로 다가왔다.

그리고 2015년 춘천MBC를 비롯한 지역 MBC 8개사 공동제작 특집 프로그램 '인문학 특강'을 기획하여 박맹수 교수의 '동학혁명과 일본' 특강을 전국의 청취자들에게 들려줄 수 있었다. 이듬해에는 전주MBC와 춘천MBC 공동기획 14부작 라디오 드라마 '사람이 하늘이다'를 제작하였다. 이 책은 그 작품의 내용을 다시 글로 정리한 것이다.

책을 통해 한번쯤 우리 아이들이 인내천, 시천주에 대해 생각해볼 수 있기를 기대하며 책을 펴내게 되었다. 박맹수 교수에 의하면 동학의 동(東)은 서(西)에 대한 동, 서학과 대립되는 동, 서를 극복하는 '동'이 아니라, 생명·살림·빛·광명을 내포하는 동이다. 생명과 빛을 좋아하고 아꼈던 조상들의 마음으로 사람과 만물이 새롭게 되살게 하는 동학인 것이다. 그리고 나라와 민초들을 살리려고 등장한 동학의 마음을 표현한 말이 바로 '보국안민(輔國安民)'인데, 어려움에 빠진 나라['민(民)'의 삶의 영토적·정치적 환경으로서의 나라], 잘못되어 가는 나라를 바로잡고 돕는[輔國] 것의 궁극적 목적이 바로 '안민'이다. 따라서 동학의 궁극적인 지향은 투쟁과 저항이 아니라 사람과 만물을 살리는 데 있었다. 갑오년 당시에는 반상의 계급이 존재했지만 동학 안에서는 모두가 평등하였다. 동학에 뛰어들면 굶는 사람도 없었다고 한다. 유무상자(有無相資)의 도풍(道風) 덕분이었다. 단순히 부자가 가난한 사람을 돕는다거나 일방적으로 주고받는 것이 아니고, 재물이 있는 사람 없는 사람이 서로 도왔다는 것이다. 이처럼 동학의 전성기에 폭발적으로 성장한 배경에는 시천주라는 만민평등 사상, 유무상자라는 공동체적 요인이 자리 잡고 있다.

4차 산업혁명시대의 근본적인 대안은 바로 우리 안의 이런 동학정신과 전통이다. 서양 근대 이성중심주의에 의해 현대사회의 병폐가 나타났다면, '사람'을 중심에 두었던 동학이 그 해법이라는 말이다. 그런 이유에서 동학은 과거의 사건이 아니라 미래의 희망이며, 미래의 역사이다. 사람이 하늘이다. 나를 하늘처럼 대하고 다른 사람을 하늘로 대하는데 두려워할 일이 어디 있겠는가. 동학의 생명평화사상을 바르게 이해하고 되살린다면 비로소 우리나라는 선진화되고 이 세계에도 평화의 새 빛을 전할 수 있을 것이다.

박사논문을 준비하며 학업과 강의로 바쁜 가운데 방송대본을 써주신 송보나 작가님, 혁명을 꿈꾸는 가슴 따뜻한 로맨티스트 박맹수 교수님께 감사드린다. 그리고 출판의 메커니즘도 모르면서 단지 동학정신을 더 많이 알리고 싶다는 진심을 알아주시고 기꺼이 출판을 허락해 주신 도서출판 모시는 사람들 박길수 대표님께 다시 한 번 고마운 마음을 전한다.

2018년 벚꽃이 만개한 계절에 봄내골에서
저자를 대표하여 이승현

차례

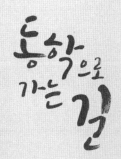

프롤로그 ··· 5

그해 봄, 장내리
에서

—충청도 보은편

그해 봄, 장내리에서

　수운 최제우 선생이 1860년에 창도한 동학(東學)은 새로운 세상을 고대하는 당대의 백성들과 권력으로부터 소외된 지식인들, 그리고 국가의 운명과 동아시아 정세를 걱정하던 우국지사들 속으로 급속히 전파되었다.

　유교를 국시로 하던 조선왕조와 조선 사회 권력의 주류인 유림은 동학 세력이 커지는 것을 좌시하지 않았다. 동학을 창도한 최제우를 혹세무민, 좌도난정(左道亂正) 등의 죄목으로 지목한 끝에 체포하여 처형하고 말았다.

　수운 최제우 순도 이후 지하로 잠복했던 동학 세력은 수운의 수제자인 해월 최시형의 지도하에 다시금 세력이 확장되었다. 그러자 잠잠해졌던 조선 정부의 탄압의 창끝이 다시금 동학도인들에게 집중되었다. 동학도인들은 좌도난정이라는 수운 최제우의 죄목을 그대로 두고서는, 제대로 동학을

보은취회 동학농민군 위령제

배우고 익히며 그 뜻대로 살아갈 수 없다는 걸 알았다.

숨어서 동학을 하던 그들은 수운의 죄목을 풀어 달라고 충청도 감사에게도 청원하고(공주, 1892.10), 전라도 감사에게도 청원하였다(삼례, 1892.11). 이어서 광화문 앞에서 임금님께 직접 상소(광화문, 1893.2)도 하였으나, 신통한 성과를 거두지 못하였다. 이에 동학도들은 대대적으로 충청도 보은 장내리에 모여 조선 정부의 정책을 근본적으로 혁신함으로써 동학을 합법화하고 공인받기 위해 대규모 집회를 개최하기로 하였다.

기록에 의하면, 보은에 전국 각지의 동학도인 3만여 명이 모여 20여 일간(음 1893.3-4.) 우리 역사상 최초라고 알려진 민회(民會)를 열었다. 충청도 보은 장내리는 조선 시대 말기까지 전라도·경상도·강원도로 통하는 교통의 요충지였다. 현재는 넓은 논밭으로 변해 있지만, 삼국시대 때부터 전략 요충지였다. 말하자면 전국에서 사람들이 모이기도 쉽고, 흩어지기도 쉬워 정부를 상대로 반합법적인 시위를 벌이기에 안성맞춤인 곳이었다. 아무튼, 1893년 봄, 보은은 "한양이 장안인가, 보은 장안(장내)이 장안이지!" 하는 말이 돌 정도로 많은 사람들이 전국 방방곡곡에서 모여들고 있었다.

* * *

경부고속도로나 중부고속도로를 타고 가다 청주에서, 혹은 중부내륙고속도로를 타고 가다 영동에서 당진-영덕 간 고속도로를 타고 보은 IC로 빠져나오면 속리산 방면 도로 표지판이 보인다. 표지판을 따라 길을 잡다 보면 '동학로'로 이름 지어진 도로 위를 달리게 된다. 그 길 굽이굽이에 '동학농민혁명기념공원'도 있고 '동학터널'도 있다. '동학로'를 기점으로 반경 4킬로미터 안에 여러 동학 유적지와 '보은동학길' 등이 있다.

현재의 동학농민혁명기념공원은 계사년(1893)년 보은취회가 열렸던 장소가 아니라 갑오년(1894) 한겨울에 북실전투가 벌어졌던 곳으로, 오늘날 동학정신을 계승하고자 하는 이들이 해마다 모여 보은취회 재현 행사를 여는 곳이다. 동학 연구자인 원광대학교 박맹수 교수는 2016년 6월 보은 동학농민혁명기념공원에서 열린 보은취회 행사 기간 중 동학서당을 열고 훈장을 맡아 어린이에서부터 어른들까지 모둠별로 몇 차례에 걸쳐 강의를 했다.

박맹수　'동(東)'이라는 말의 원래 뜻은 '동쪽'이나 '동방'이 아닙니다. 원래 뭐였냐 하면, 만물의 근본이란 뜻이에요. 그러니까 사람으로 말하면 사람의 본성이고, 만물로 보면 만물의 본성, 본래의 모습입니다. 그런 말을 동이족의 고조선 시대에 우리 할머니 할아버지들은 '동'이라는 말로 표현했어요. 그러면 '동학'이 뭐 하는 학문일까요? 본래의 우리, 내 안의 한울을 찾아서 드러내고 실현하고 실전하는 것이 동학이에요. 또 동은 생명이 시작되는 방위예요. 그러므로 동학은 생명을 살리는 학문이기도 해요.

춘천에 사는 현빈 씨는 휴가까지 내고 아이들과 함께 보은취회에 참가하였다. 동학서당의 박맹수 훈장님 강의를 들으며 막연히 죽창 든 농민들의 봉기로 생각했던 동학농민혁명의 근본에 자리잡은 '동학'이 사람의 본성, 만물의 본성, 본래 모습과 생명의 근본을 지향하는 공부임을 알고는 약간의 혼란마저 느끼게 된다.

박맹수　　　생명을 존중하고, 그것을 온전히 드러내고 실현하는 것이 동학입니다. 그럼에도 불구하고 조선 왕조 관료와 양반들은 동학을 유학에 대한 이단이요, 혹세무민하는 서학의 아류로 단정하고 탄압했습니다. 120여 년 전의 보은취회는 동학(東學)이 백성을 살리고 세상을 살리는 생명사상임을 인정받고자 열었던 민심의 집회요, 천심의 취회(聚會)였어요. 보은취회는 억울한 죄명을 뒤집어쓰고 죽은 수운 최제우를 살리고, 죽어 가는 나라를 살리고, 핏빛으로 물들어 가는 세상을 다시 개벽하는 살림의 살판이었습니다.

또 현실적으로는 동학을 한다는 이유로 죽을 판에 내몰린 당시의 동학도인 대부분이 농민이어서, 먹고사는 일에서도 고사 상태에 내몰린 그들 자신의 생사 문제가 걸린 일이기도 하였습니다. 동학도인들 사이에서는 유무상자(有無相資)라 하여, 다 같이 없이 사는 가운데서도 서로 돕고 서로 살리는 공동체 정신을 발휘하면 서세동점과 삼정문란의 난국을 이겨 나갈 수 있다는 희망이 싹트게 되었으나, 관은 그러한 동학적 전통의 확산마저 체제를 위협하는 위험한 풍토로 보고 이를 금지하고 탄압하였습니다. 몇 번에 걸친 교조신원운동(教祖伸冤運動)은 1893년(고종30) 3월 11일부터 4월 1일까지 이곳 충북 보은 장내리(장안)에서 열린 보은취회에서 절정에 이르렀습니다.

보은취회(보은집회)에는 무려 3만여 명의 동학도인이 모였다. 여기서 동학도인들은 공주집회 · 삼례집회 때와는 달리 척왜양창의 · 보국안민 등의 정치적 요구도 전면에 내세웠다. 보통 학계에서는 갑오년(1894) 2차 봉기 때에 가서야 '반외세'가 표방되었다고 하지만, 실제로는 1892년까지는 신분제

보은취회 동학서당(왼쪽 아래가 박맹수 교수)

폐지 · 과부재가금지법 폐지 · 토지 균등 분작 · 부패관리 척결 · 지방관들의 가렴주구 반대 등을 주장하는 반봉건 투쟁 운동이었고, 1893년 봄 보은집회 때부터 이미 '외국 세력을 몰아내고, 백성을 편안하게 하자'는 정치적 구호가 부각되는 혁명성을 띠었다는 것이 박맹수 교수의 말이다.

현빈 씨는 동학농민혁명의 진실을 아이들에게 쉽게 설명하기가 난감하다는 걸 새삼 깨달았다. 역사적 사건은 분명 하나인데, 오늘날 역사가들마다 그 사건을 부르는 명칭이 다르기 때문이다. 교과서에서는 '동학농민운동'으로 적고 있지만, 대부분의 일반 역사서에는 '동학농민혁명'이라는 용어를 기본으로 한다. 아이들에게 그 이유, 그 차이를 어떻게 설명해야 할지 난감한 것이다. 숙제를 안고 현빈 씨는 아내와 함께 아이들을 데리고 박맹수 교수가 인솔하는 동학 탐방 행렬에 따라나섰다. 차로 10여 분을 이동한 뒤 한적한 시골마을에 하차하였다.

박맹수　　우리가 아까 서당을 열었던 동학농민혁명기념공원은 갑오년(1894) 당시 북실전투가 있었던 곳이고, 바로 이곳 보은 장내리는 보은집회 또는 보은취회라는 사건이 주로 전개되었던 곳입니다.
그럼 왜 보은 장내리에서 그 어마어마한 역사적 사건이 일어났는가? 왜 이 한적한 시골 동네에 전국에서 수만 명의 사람들이 모여들었는가? 이를 이해하기 위해서는 우선 지금의 교통 환경과 120여 년 전의 교통 환경이 다르다는 점을 알아야 합니다. 조선 시대의 주요한 교통 수단은 뭐였을까요? 걸어 다니거나 말을 타고 이동했죠. 당시 사람들이 걷거나 말을 타고 다니던 길은 사람들의 인위적인 손길이 덜 탄 길이었습니다. 지금의 대로보다 지름길이기도 했고요. 자연 속에서 사람들이 최대한 편리하게 만든 길이죠. 보은집회가 열리던 조선 시대 말엽에는 이 보은이 한반도의 동서남북으로 통하는 교통의 요지였어요. 그런데 근대 이후 철도와 도로가 교통의 중심이 되면서 이곳 보은이 한갓진 고을이 된 겁니다. 이와 유사한 일은 지금도 일어나고 있습니다. 새로 고속도로가 생기면 그때까지 주로 이용하던 인근의 국도에 자리 잡은 주유소가 모두 망하죠. 그런 이치하고 같아요.

조선 시대의 보은은 동서남북·전라도·충청도·경상도에서 모여들기 좋았고, 또 유사시에는 사방으로 흩어져서 추격을 피하기도 좋았던, 그야말로 교통의 요지였단 말입니다. 그리고 이곳 보은은 군사 전략상으로도 요충지였습니다. 이 이야기는 고려 시대로까지 거슬러 올라가는데, 고려를 건국한 왕건에게 신숭겸이라는 부하 장수가 있었습니다. 한때 왕건의 최대 라이벌이던 후백제의 견훤과 신숭겸이 이곳 보은 일대에서 치열하게 싸우다가 신숭겸이 전사했는데, 그만큼 이 보은은 삼국시대 때부터 여기를 차지하는 나라가 한반도 전체를 장악할 수 있는 전략적인 요충지였어요. 임진왜란 때도 왜군이 이 길을 통해서 북쪽으로 올라갔어요. 1950년에 인민군이 남쪽으로 내려올 때도 보은이 중요한 관통로 중 하나였어요. 그런 전략적 요충지였으니, 이 땅에 사는 사람들은 어땠을까요? 전쟁이 격렬하게 벌어지는 곳이었으니, 이 일대의 사람들이 아주 힘들었겠다는 걸 쉽게 짐작할 수 있죠. 이런 몇 가지 이유 때문에 보은취회 당시에 바로 이곳이 집결지로 결정되었던 거예요. 물론 당시 동학의 최고 지도자인 해월 최시형이 바로 이웃한 청산에 대도소(본부)를 설치하고, 보은을 동학 포교의 핵심 근거지로 삼고 있었던 것도 이곳을 집결지로 결정한 이유 중 하나라고 할 수 있습니다.

조선조의 최고 법전인 『경국대전』에 의하면, 조선 시대에는 백성들의 억울함을 풀어 주는 여러 제도가 있었는데, 그중 하나가 '신소(伸訴)'이다. 백성들은 임금님이 가마를 타고 행차할 때 가마 앞으로 뛰어들어 자신들의 원통함을 주장할 수 있었다. 이 제도에 기대어 백성들은 "제가 너무도 억울한 일을 당했사옵니다. 임금님, 소인의 사정을 들어주옵소서." "관가나 양반 지주들이 터무니없이 세금을 많이 거둬 가니, 낼 만큼만 내게 해 주옵소서."라며 하소연했다고 한다.

보은집회도 말하자면, 그러한 신소의 일환이었다. 탐관오리의 수탈 때문에 최소한의 생존마저 힘들어지자, 같은 처지에 놓인 동학도인들이 함께 모여 억울함을 호소하고, 근본적인 대책 마련을 요구하던 충북 보은군 장내

북실 종곡리 가는 길과 동학 장승

리. 120여 년 전 3만여 명의 동학도인들이 모여 새 세상을 꿈꾸던 곳. 현빈

씨가 가족들과 함께 찾은 오늘, 보은 장내리는 한적하고 전형적인 시골 마

을이다. 이제는 인적이 드물어진 사람과, 바람과 태양을 벗 삼은 나무와 새

들이 공존하는 평화로운 농촌 마을. 지금 이곳에 동학 연구자인 박맹수 교

수와 동학의 흔적을 찾아 동학 여행에 나선 한 무리의 사람들이 모여 있다.

박맹수   이곳은 공주와 삼례를 거쳐, 광화문까지 가서도 뜻을 이루

지 못한 동학도인들이 말하자면 최후의 호소를 하기 위해 모였던 장

소예요. 지금으로부터 123년 전인 계사년(1893) 음력 3월 11일부터 4

월 1일까지 20일 이상을, 여기에 3만 명이 모여서 호소를 했다는 말이

죠. 그런데 말이 3만 명이지, 실제로는 이게 간단한 일이 아닙니다. 상상력을 발휘해 봅시다. 우선 그 많은 사람들이 어디서 자고 무엇을 어떻게 요리해서 먹고 했겠나 하는 겁니다. 지금 '보은취회'에 모인 우리는 300명인데도 먹고 자는 게 쉽지 않아요. 그런데 그 시대에 3만 명이 어디서 먹고 자고, 어디서 똥 싸고, 하루 종일 무얼 하며 지냈겠는가 한번 생각해 보세요. 그런데 동학의 뜻을 품고 모여든 그 사람들을 탄압하기 위해서 내려온 관군 대장이 기록한 자료를 보면, 참가한 사람들이 한 사람당 1냥을 냈는데, 모인 돈이 모두 2만 3천 냥이라는 기록이 있습니다. 그것만 보면 최소 2만 3천 명이 모인 걸 알 수 있죠. 그 많은 사람들이 모이니 오늘날로 치면 노점상이 몰려들었는데, 할머니 한 분이 떡을 갖고 와서 팔았답니다. 그런데 할머니가 정신 차릴 겨를도 없이 떡을 집어 가고 돈을 내놓고 갔는데, 그 떡값이 가져왔던 떡하고 딱 맞아떨어졌다는 겁니다. 무슨 말이냐 하면, 그것은 모여든 사람들이 자발적으로 질서를 지키고 법을 지켰다는 겁니다. 그래서 지금도 우리가 할 말이 있는 것이죠.

123년 전에, 빼앗기고 억눌리고 짓밟히던 농민들이 죽창을 들었습니다. 그 절박한 마음이 지금으로 말하면 세월호 희생자들의 어머니와 아버지, 아내와 남편과 자식, 그리고 세월호의 진실과 세월호의 정의를 요구하는 시민들의 마음과 똑같은 거예요. '사람이 먼저다. 돈보다 생명이다. 사람을 하늘처럼 생각하는 세상을 만들자.' 이십 며칠 동안 집회를 하면서 한 사람도 질서를 어기지 않고, 사 먹은 떡값을 다 갚았다고, 정부 쪽 사람들이 기록을 했어요. 지난번 촛불 시위는 그런 점에서 바로 123년 전의 그 보은취회를 그대로 닮아 있어요. 그때는 배우지 못한 사람들이 그렇게 질서를 지켰어요. 그리고 끝내 이겨냈지요. 우리 핏속에 그 DNA가 흐르고 있어요. 우리는 괜찮은 사람들이에요.

"우리는 괜찮은 사람이다."

예나 지금이나 우리는 모두 괜찮은 사람들이다. 현빈 씨도 아내도 아이들도 괜찮은 사람들이다. 현빈 씨는 울컥 감동이 밀려옴을 느낀다. 톨스토이도 말했다. "자녀 교육의 핵심은 지식을 넓히는 것이 아니라 자존감을 높이는 데 있다."

장내리를 빠져나오면서 문득 현빈 씨는 생각한다. '배울 기회가 많은 현재와 달리, 123년 전 농민들이 스스로 자존감을 높이고 괜찮은 사람임을 깨달을 수 있었던 계기는 무엇이었을까?'

"한 시대의 종교는 언제나 다음 시대의 시가 된다."

에머슨(Ralph Waldo Emerson, 1803-1882)의 말이다. 19세기 거대한 근대화의 바람은 조선 땅에도 불기 시작했다. 이는 밖에서 들어온 것만이 아니라 우리 안에도 있었던 것이다. 뚜렷한 역사의식과 인격지상주의로 농민들의 마음을 파고들었던 동학사상이 바로 그것이다.

　세상의 책들은 역사가 되고 인간의 정신적 무기가 된다. 헐벗고 굶주린 농민들의 의식을 깨우기 위해 필요했던 것이 『동경대전』과 『용담유사』라는 동학의 경전이었다고 생각하며 현빈 씨는 다시금 울컥한다. 어쩌면 동학농민혁명 당시에도 농민들이 들었던 무기는 죽창이 아니라 그들의 '경전'이었을지도 모르겠다. '책은 사람들의 정신과 사고를 바꾸는 말 없는 스승'이라고 했던가! 관군과 일본에 맞서며 질 것이 빤한 싸움에 뛰어든 동학농민군들의 용기는 어디에서 왔던가? 철저히 짓밟혀 온 힘없는 농민들은 동학의 가르침을 가슴에 품고 '자신을 회복할 수 있는 능력을 가진, 용기 있는 사람'이 될 수 있었다. 후손들이 기억하는 '동학농민혁명' 정신이 그 회복의 증거가 아닐까.

박맹수　　"상상력은 지식보다 더 중요하다."는 말이 있어요. 우리 청소년들이 살아갈 앞으로의 세상은 지식보다 상상력이 훨씬 더 중요한 세상이라고 합니다. 상상력은 어디서 나오는가? 많은 분들 이야기가 두 가지로 집약됩니다. 하나는 여행을 많이 하는 것입니다. 그다음에는 고전을 많이 읽어서, 옛날 역사를 많이 아는 것입니다. 역사를 알아간다는 것은 시간상으로 우리 존재를 확장하는 것이고, 여행을 많이 한다는 것은 공간상으로 우리 존재를 확장하는 것이에요. 이제 답이 나왔죠? 시간과 공간상으로 우리 존재를 확장하는 것, 그 가운데 있는 것이 바로 역사를 제대로 알아 가는 일입니다. 특히 역사의 현장에서 역사를 느끼고, 알고, 깨닫는 것이 중요합니다.

별이 되는 아주 짧은 순간

현빈 씨 가족과 동학답사단은 갑오년(1894) 겨울, 북실전투가 있었던 종곡리에 도착했다. 동학농민혁명기념공원 앞으로 난 도로를 따라 동학터널 방향으로 100여 미터쯤 가다가 성족삼거리에서 좌회전하자 '북실마을'이라는 표지석이 이들을 맞이한다. 북실전투는 종곡리·성족리·누청리·강신리 일원에서 동학군이 관군및 일본군 연합부대와 맞서 싸운 전투이다. 북실의 안쪽에 있다고 해서 안북실로 불리는 종곡리 일대에서의 북실전투는, 동학농민혁명 당시 기록상으로 2,600명의 동학군이 살상되었던 참혹한 전투였으며, 대부분의 동학군들이 죽은 그 자리에 무더기로 매장되었다.

오늘날 종곡리 초입에는 나무로 만든 소박한 안내판이 이곳이 치열하고 참혹했던 역사의 현장임을 알리고 있다. 누군가 말해 주지 않으면 모르고 지나쳐 버리리라. 그 작은 표지를 허투루보지 않은 사람들만이 마치 무릉도원으로 가는 길을 들어선 것처럼 설레는 마음으로, '북실마을 동학길'이라 이름 붙여진 좁은 마을길을 따라 들어가다 보면, 높다란 솟대 하나를 만나게 된

사람이 하늘이다

123년 전이라니, 지금처럼 식당이나 화장실도 없었을 텐데 저는 동학인은 못 됐을거 같습니다.

그건 그래. 크크크…

하하하 - 역사적인 사건을 상상할 때는 그때 환경을 떠올려 봐요.

그때는 농사를 지었고 -

하도 자유발언 가열차게 했더니 이제 뒷간 좀 -

논과 밭, 산과 들, 나무가 가려주면 그게 생태 화장실 벽이죠.

뿡

집회도 밥 먹고 합시다~

돌 얹고 솥 얹었습니다~

어르신들 먼저 드십셔 -

아이들 먼저 먹여 -

동학인 이면 누구든 먼저 먹읍시다. 하하 -

동학 답사팀 현빈네 가족을 여기서 보니 좋군요.

저희도 그래요, 교수님. 동학 DNA가 있는 우리니까. 촛불을 들 수 있었나 봐요.

충청노 보은편/ 보은집회와 묵실선투

다. 솟대는 일본군에게 덧없이 스러져 간 동학군의 넋을 위로하며 온몸으로 하늘을 떠받치고 서 있다. 122년 전의 아픔을 간직한 북실마을은 여느 농촌 마을의 한적한 모습으로 방문객 현빈 씨 가족과 일행을 맞이한다.

* * *

1894년 겨울, 해월 최시형·임규호·손병희 등 동학농민혁명을 이끌었던 충청도 지역 지도자들은 공주 우금티전투에서 패전하여 전라도 임실까지 후퇴하면서 거듭 일본군-관군과 싸운 뒤 전봉준과 헤어져 북상했다. 북상하면서 다시 몇 차례 전투를 치르고, 혁명 직전 동학의 중심 본거지였던 보은으로 돌아왔다. 보은 장내리에 즐비했던 동학도의 숙소들은 이미 폐허가 된 터라 다시 걸음을 옮겨 자리 잡은 곳이 바로 이곳 북실마을이다. 그들은 연이은 전투로 며칠간의 휴식과 정비가 필요했지만, 하룻밤만 지새고 다음 목적지를 향해 이동할 생각이었다. 그러나 일본군과 관군의 기습으로 단잠은커녕 단 하루 스물네 시간도 버티지 못하고 무너져 버린 것이다.

북실전투는 전략에서 패했다기보다는 전력에서 패했다는 것이 옳다. 일본군의 주력 무기는 사정거리 1,800미터인 최신식 스나이더 소총이었다. 훗날, 당시로서는 세계 최고의 성능을 가진 소총으로 평가받은 무기라니 그 위력이 어땠겠는가. '최신식' 라이플총인 스나이더 소총과 기관총으로 무장한 채 죽창을 든 동학군 섬멸 작전에 참가했던 한 일본군 병사가 훗날 진중일지에서 당시의 참상을 증언하고 있다. 일기에는 '잡아서 고문하고'·'불태워 죽

동학농민혁명군(보은 동학공원)

동학으로 가는 길

이고'·'총살하고'·'총검으로 찔러 죽이고'·'민가를 모조리 태워 버렸다'등의 표현이 나온다. 일본군 병사는 동학군을 학살하는 지옥을 응시하면서 냉정하리만큼 자세히 증언하고 있다. 그런데 북실전투에서는 이보다 더하여 사실 '전투'라고 하기에도 민망하게, 일방적인 학살이 자행된 것이라고 할 수 있다. 한편으로 죽을 힘을 다해 퇴각하며, 한편에서는 퇴각하는 동지들을 위하여 끝까지 항전하다 총알받이가 되어 죽어 간 것이다. 일본군의 동학군 대학살은 토벌에 참가한 일본군에게도 정신적인 충격을 남겼던 것 같다. 왜 안 그렇겠는가! 조선에 파견되어 동학군 토벌과 섬멸의 최전선에 섰던 일본군 장교 두 명이 본국 귀국을 앞두고 자살한 사건이 발생한 것이다.

박맹수   그 근대식 무기 앞에서 당할 수가 없었어요. 동학군의 화력이라고는 화승총이 거의 전부였어요. 그것도 백 명 중에 서너 명 정도가…. 화승총은 10센티미터 정도 되는 심지에다 불을 붙이면 그것이 타들어 가 심지 끝 화약이 폭발하면서 그 추진력으로 쇠뭉치를 쏘아 보내는 거예요. 그러니까 한 발을 쏘는데 시간상으로 3분 정도 걸립니다. 그런데 날씨가 흐리면 심지가 끝까지 타지를 않아요. 무용지물이 되지요. 그나마도 총알 나가는 거리가 30미터밖에 안 되고, 또 맞혀 봤자 치명상을 입히지도 못합니다. 웬만하면 즉사하지 않아요. 약간의 상처만 입히는 거지. 제가 동학에 미쳐가지고 일본까지 가서 그놈들이

동학으로 가는 길

무슨 무기를 썼는지 조사를 해 보았습니다. 그때 제대로 스나이더 소총을 보고 왔어요. 그것은 쏴서 맞으면, 250미터 거리 안에서는 무조건 죽는 총입니다. 30미터밖에 나가지 않는 화승총은 맞아도 안 죽고, 그것도 3분에 한 발. 그런데 이 스나이더 소총은 1분에 열 발 이상 쏩니다. 또 날씨하고도 상관없이 총알이 나가게 되어 있어요. 싸움이 안 되죠. 동학군이 일본군 한 놈을 죽이려면 30미터 앞까지 기어가서 쏴야 하는데, 일본군은 250미터 뒤에서 백발백중으로 쏘아 맞힙니다. 동학군은 일본군 근처에도 가지 못하는 겁니다. 그 당시에 조선왕조 관리나 일본군이 남긴 기록에 따르면, 일본군이 가진 무기의 효력이 5백이면, 동학군의 무기는 1의 효력밖에 없었다고 해요. 1 대 500! 요걸 쉽게 표현하면, 일본군 한 명이 동학군 500명을 대적할 수 있었다는 겁니다. 그러니 일본군 100명이 와서 동학군 5만 명을 상대할 수 있었다는 얘깁니다. 그런데 당시 여기에 모인 동학군이 1만 명쯤 되는데 화승총 가진 사람은 몇 백 명도 안 돼요. 그러니 속절없이 죽고 쓰러지고 밀릴 수밖에…. 밀리고, 밀리고, 밀리고, 계속 밀려 가는 겁니다. 밤새 이 개천에 피가 넘쳐흘렀던 거예요. 그래서 그 전투 때 일본군의 앞잡이가 되어서 온 조선의 관리 김석중이 남긴 『토비대략(討匪大略)』이라는 기록을 보면, 다음 날 전투가 끝나고 나서 보니까 2,600여 시신이 이 언덕 굽이굽이에 겹겹이 쌓여 있더라는 거예요. 김석중은 나중에 친일파가 되어 결국 조선 사람들에게 맞아 죽죠. 그래도 지금까지 동학농민혁명을 기록한 공식 기록 중에 숫자가 명확하게 나오는 것은 여기가 유일합니다. 1만 명 중에 2,600명이 죽어 가는데, 그 속에는 어린아이도 있었고, 여자도 있었고, 노인들도 있었고 그래요.

종곡(鍾谷)리는 우리말로 하면 북실이라고 하는데, 이 마을이 바로 북실마을입니다. 2,600여 명의 피로 물든 산하예요. 그런데 여기에서 박달한이가 왜 기념사업을 했느냐? 박달한이 여기를 지나가면 고향 사람이라고 할아버지 할머니들이 늘 이야기를 해요. 여기 진달래가 많이 피는데, 그 진달래는 옛날에 죽은 동학군들의 원혼이라고. 그 이야기가 늘 머릿속에 있어서 이걸 좀 어떻게 하면 안 되겠나 싶어서, 20년 전부터 기념사업을 진행한 거예요. 나중에 3월 말쯤 되면 진달래꽃이 피기 시작하니 날 잡아서 어른들은 소주 한 병 들고 아무 산에든 가서 진달래 꽃 보며 술도 한 잔 뿌리고 절도 하고 그러면 좋겠습니다. 이제 이렇게 일본군에 밀려 가지고, 18일 새벽에 마지막으로 저항을 하다가 무너진 곳에 갈 겁니다. 종처럼 생긴 산이 있어요. 거기가 17일 밤 북실전투가 시작되는 장소입니다. 박달한이라는, 이 보은동학 기념사업회를 만든 청년이 그곳 지도를 만들었어요. 쭉 가다가 중간에 북실마을 근처에서 내릴 거예요. 거기서부터는 차가 못 들어가요. 거기서 한 십오 분 정도 걸어 들어가면 죽은 동학군들의 뜻을 기리기 위해서 세운 장승이 있어요. 그곳에 집단 매장지로 확인된 장소가 있어요. 뼈는 못 찾고, 사람이 죽고 나면 남는 인이라는 성분으로 확인을 했어요. 전문 조사단이, 증언자들이 증언하는 위치에 가서 땅을 파 보고 인 성분이 검게 나오는 현장을 찾아내서 집단 매장지로 확인한 곳입니다.

현빈 씨는 문득, 동학농민혁명기념공원에 있는, 동지를 부축한 채 죽창을 들고 당당히 서 있는 동학군 조형물이 떠올랐다. 결연한 의지의 낯빛으로 어딘가를 뚫어지게 응시하고 있는 동학군상. 처절한 장면이었으나 용맹한 기세였다. 동학군들이 반격에 나섰을 때도 이 같은 모습이었을 것이다. 김석중은 흰옷을 입고 반격하는 동학군의 모습을 이렇게 적었다고 한다.

일본군들이 겁을 먹고 땅바닥에 엎드려 꼼짝하지 못했다. 새벽에 보니 동학군들은 마치 화살촉과 삼대처럼 빽빽하게 사방을 에워싸고 있었다. 그러다 보니 왜군과 상주 유격군은 승리에 의구심을 품게 되었으며, 겁이 나서 도망치려는 사람도 있었다. 새벽에 보니 동학군들이 산 위에 늘어서서 이미 포위하는 행세를 이루었다. 동학군은 우리 군사가 매우 적은 것을 보고 평탄한 곳을 밟고 아래쪽을 삼키려고 했다.

박맹수   122년 전 그때, 상주에서 출발한 일본군은 동학농민군이 여기에 있다는 것을 알고 작전을 세워서 기습을 해요. 그래서 여기서 17일 밤부터 그다음 날 오전 10시까지 전투를 벌여요. 그때, 상주에서 올라온 일본군이 100명도 안 돼요. 100명도 안 되는 일본군하고 만 명이 넘는 동학군인데 도무지 상대가 되질 않았습니다. 동학군이 계속 밀리기만 했습니다. 왜 그랬을까요? 앞에서 근대식 무기 때문이라고 했지요. 그런데 그게 전부가 아닙니다. 우리 동학군은 사람을 죽이기 위해서 군사훈련을 받은 군대가 아닙니다. 당연히 사람을 죽이기 위해서 무기를 조작하는 훈련도 받지 않은 군인들이었어요. 우리 동학군은 엉망이 된 나라에서 힘들게 살아가는 백성들을 살리고 싶어서 동학사상에서 꿈꾸는, 사람답게 사는 세상을 만들기 위해 일어난 사람들이었어요. 그러니까 그 군대는 죽이기 위해 무장을 한 군대가 아니라 자신을 지키기 위한 군대였어요. 그런데 이 땅에 들어왔던 일본군은 이 땅을 자신의 것으로 만들기 위해서, 최고도의 훈련을 받고 온 군인들이었어요. 우리 동학군은 그런 일본군을 상대로 싸웠습니다. 그러면 그때 동학군 대장이 볼 때에 이 전쟁에서 이길 수 있다고 생각했을까요? 질 것이라고 생각했을까요? 여러분 생각은 어때요? 100% 지는 싸움이란 걸 알았어요. 나는 여러분들한테 특별히 해 주고 싶은 말이 있어요. 인생을 살다 보면, 또 역사를 공부하다 보면, 질 걸 뻔히 알더라도, 내 목숨이 없어지더라도 싸워야 할 때가 있습니다.

꼬박 12시간의 전투 끝에 동학군은 무려 2,600여 명이 사살당했다고 기록되어 있다. 북실전투의 결정적인 패인은 일본군이 가졌던 서양의 신무기 스나이더 소총의 위력이었다. 스나이더에 비해서 동학군의 무기는 탄알이 없어 더 이상 사용할 수 없는 모제르총 몇 자루와 그 외 화력을 발휘할 수 없는 화승총이, 그나마 얼마 되지 않았고, 대다수 농민군은 죽창과 환도를 들거나 빈손으로 나섰기에, 패전은 피할 수 없는 것이었다.

하지만 그들은 나라를 위해, 짧았지만 '별이 되는 삶'을 살았다. 무차별적인 학살로 눈 덮인 북실마을 곳곳의 광경은 참혹했으나 거기에 널브러진 것은 육체일 뿐. 가진 것 없는 그들이었지만, 동학농민군의 정신은 영원히 빛나는 별이 되어 지금도 빛나고 있는 것이다.

완산
칠봉전투와
전주화약

— 전라도 전주편

우리에게 새로운 날을 만들다

현빈 씨 가족이 오늘 현장학습을 하는 곳은 전라북도 전주시다. 이번에는 기차를 이용하기로 했다. 춘천역에서 KTX를 타고 1시간여를 달려 서울 용산역에서 전주행 KTX로 갈아탔다. 차창 밖 풍경은 언제나 새롭고 정겹다. 오랜만에 타 보는 기차라 현빈 씨 부부도 아이들도 모두 즐겁다.

문득 간디의 일화가 생각나는 현빈 씨. 기차에 오르던 간디는 실수로 신발 한 짝을 떨어뜨렸다. 미처 신발을 주울 새도 없이 기차가 출발하자 간디는 나머지 신발을 벗어 신발이 떨어진 곳으로 던졌다. 놀란 사람들이 이유를 묻자, "한짝뿐인 신발은 쓸모없지만, 한 켤레의 신발은 누구라도 요긴하게 신을 것입니다."라고 말했다. 그러나 동학농민군들은 신발 한짝이 아니라 자신의 삶 전체를 누군가의 삶을 위해서 던진 것 아닌가!

고속열차는 금세 전주역에 도착했다. 현빈 씨는 먼저 용머리고개를 찾았다. 이곳은 전봉준 장군이 이끄는 만여 명의 동학농민군들이 장성 황룡전투 승리의 여파를 몰아 북상길로 접어든 후, 1894년 4월 27일 새벽 줄지어 서서 전주성을 향해 선전포고를 했던 곳이다. 그때의 함성이 얼마나 컸던지 전주성의 지축을 마구 흔들어 놓았다고 한다. 질겁한 탐관오리들은 그 소리만 듣고도 도망가기 바빴는데, 현재 용머리고개에는 표지비 하나만이 그날의 기억을 되살리고 있다. 높고 가파른 강원도의 고개와 사뭇 다른 아담하고 순한 모습을 하고 있지만, 전주에서는 특별한 언덕으로 기억되는 곳이다. 현빈 씨 가족은 용머리고개에서부터 완산칠봉 동학군 입성비까지 걸으면서 전주에 있는 동학농민혁명 유적지들을 답사할 계획이다. 자, 출발이다.

* * *

"나라를 망하게 하는 것은 외침이 아니라, 공직자의 부정부패에 의한 민심의 이반이다."라는 다산 정약용의 말에서 동학농민혁명의 정당성을 다시 한 번 찾을 수 있었다. 구한말 유학자 매천 황현은『오하기문(梧下紀聞)』에서 전라감사 김문현이 도망가던 당시의 상황을 이렇게 기록했다.

동학농민군은 장성과 정읍에서 길게 줄을 지어 진격해 왔다. 보병과 기마병 1만여 명이 27일 새벽 전주성 서문 밖에 이르러 용머리고개에서부터 일자로 진(陣)을 펼쳐 함성을 질렀는데 하늘과 땅이 들썩거릴 정도였다. 전라감사 김문현은 서문을 닫아걸고 서문 밖에 있는 민가 수천 채에 불을 질러 동학군이 성을 타고 넘어와 공격할 것에 대비하였다. 정오가 지나서 서문이 저절로 열렸고 동학군이 전주성을 함락하자 전라감사 김문현은 달아났다. 성안의 백성들은 살길을 찾아 사방으로 도망치면서 성의 담벼락에 매달렸다가 밑으로 떨어졌는데, 이때 죽은 사람이 셀 수 없을 정도다. 전라감사 김문현은 네 사람이 드는 가마를 타고 동문까지 갔지만 문이 막혀 밖으로 나갈 수 없었다. 그는 결국 가마를 버리고 해진 옷과 짚신 차림으로 난민들을 따라 성 밖 20리까지 나가 용진마을에 도착하였다. 여기에서 민가의 당나귀를 빌려 타고 손수 채찍질을 하며 달아났다.

염치도 체면도 벗어던지고, 걸음아 날 살려라 탈신도주하는 전라감사 김문현. 현빈 씨의 아이들도 김문현의 이야기를 듣고 크게 웃는다. 어른에게 공분을 불러일으키는 김문현이 아이들에게는 우스꽝스럽기 짝이 없다. 김문현이 전주성을 지키기 위해서 내세운 방책이란 게 성문 밖 민가에 불을 놓는 것이라니…. 백성들을 방패 삼아 깨작대다가 그마저도 내팽개 치고 도망가기에 바빴는데, 거기에는 또 그럴 이유가 있었다. 고부봉기의 원인이 된 탐관오리 조병갑의 죄를 묻기는커녕 그 직책을 그대로 유임시킨 자가 바로 김문현이었다. 그것도 모자라 은밀하게 전주감영 병사들을 고부에 파견하여 초기 진압을 시도했으나 실패하였다. 그러면서도 그는 동학농민군에게 관아가 함락되어 피난 나온 고을의 수령들과 전주성 선화당에서 골패를

전주성의 풍남문, 동학농민혁명 당시 동학군이 전주성을 점령할 때 진입한 곳이다.
(전라북도 전주시 완산구 풍남문3길 1)

즐기고 주연을 즐기는 등 안일하게 대처했다. 조선 시대의 대표적인 탐관오리요 무능한 관리였던 것이다. 동학군들에게 잡히는 날에는 즉각 목이 떨어질 터이니 도망을 갈 수밖에 없었다.

* * *

동학농민군이 전주성에 입성한 다음 날 아침 전주성 밖에 도착한 초토사 홍계훈 대장은 전주성이 바라보이는 완산칠봉에 진을 치고 대치에 들어갔다. 당시에도 전주 완산은 전주성이 한눈에 내려다보는 군사 요충지로서 지리적으로 천혜의 요새였다고 한다.

완산은 전주의 옛 지명이다. 그리고 칠봉은 7개의 봉우리가 연달아 있다고 해서 붙여진 이름으로 홍계훈이 완산에 주둔할 당시만 해도 풀 한 포기도 함부로 손댈 수 없는 산이었다. 전주 이씨 태조 이성계의 본향이며 조선 왕조의 발상지로 경기전과 조경묘가 있었기 때문에 나라에서 벌채 등을 금하던 '봉산'이었기 때문이다. 신령한 정기가 서린 산이라 여기며 왕실의 정신적인 뿌리로 성역화했던 곳이다. 이러한 곳인데 홍계훈이 총칼로 무장한 경군과 함께 화포를 끌고 완산칠봉에 올라 주둔했다는 것은 당시 사태가 그만큼 엄중했음을 말해 준다. 하지만 이러한 신성한 곳에 먼저 오른 자들이 또 있었다. 바로 용머리고개 위에서 전주성을 향해 포효했던 동학농민군들이다. 그들은 왕가의 기운이 깃든 천혜의 요새인 완산칠봉 위에서 전주성을 바라보며 '사람이 하늘'이 되는 세상을 반드시 이루리라 다짐했으리라.

1900년대 초의 전주시가 모습

　　현빈 씨 가족이 완산칠봉에 올라 보니 역시 전주 시내가 훤히 내려다보여 듣던 대로 군사 요충지가 분명했다. 마침 완산칠봉에는 전라북도의 남녀 청소년 답사단이 유적지 앞에서 행사를 진행하고 있었다. '동학농민혁명 역사 탐방' 프로그램에 참여한 것이라고 했다. 그들을 보니 한국의 미래가 밝아 보였다. 전주동학혁명기념사업회 이재규 이사가 학생들을 안내하는 중이었다.

이재규　우리는 좋은 운동화를 신고 여기까지 왔잖아요. 그런데 123년 전에 농민들은 무엇을 신었을까요?

학생들　"짚신이요!" "고무신이요!"

이재규　예, 농민군들의 짚신이 대부분이고 아니면 맨발이었어요. 변변한 무기는커녕 짚신 하나도 제대로 없었던 농민군들이 이 완산칠봉 일대에서 관군과 전투를 했는데, 왜 이 완산칠봉에 올라왔을까요? 동학농민군들이 전주성에 처음 왔을 때는, 용머리고개에서 진을 쳤다가 전주성에 무혈입성했어요. 거의 싸움 없이 대포 몇 방 쏘고는 그대로 점령해 버렸습니다. 그런데 뒤쫓아 온 관군들이 바로 이곳 완산칠봉에 진을 치고는 성을 점령한 동학군 쪽으로 대포를 쏘면서 도발을 했어요. 그래서 동학군들이 성문을 열고 나와 이곳 완산칠봉을 여러 차례 공격을 했습니다. 그런데 이곳 지형이 관군에게 너무도 유리해서 동학농민군들의 희생이 컸어요. 지금 우리 앞에 있는 기념비에 쓰여진 글자는 '동학농민군전주입성비'입니다. 이 돌 조형물은 1991년에 세워졌어요. 동학농민혁명백주년(1994)을 앞두고 그 의의를 기리기 위해서 세우게 된 것이지요. 우리나라 전국 각지에 동학농민혁명 기념 시설이 있기는 하지만, 실제 동학농민혁명의 전체적인 실상에 비해서는 기록물들이나 표지비들이 참 부족해요. 이 동학농민군전주입성비는 상당히 소중한 지표가 되는 조형물입니다. 전주성 점령 후 완산칠봉 전투

김문현 전라감사, 민가에 불을 지르다

를 치르는 사이에 일본군과 청군이 우리나라로 들어옵니다. 그래서 관군과 동학군은 외국군이 우리나라에 주둔할 명분을 없애고자 전주화약을 맺고, 우리나라 최초의 민주주의 체제라고 할 집강소 통치를 단행하게 됩니다. 당시 전주성의 성곽과 성문 중에서 지금은 풍남문밖에 안 남았지만, 동학농민군의 전주성 점령이라는 위대한 사건, 그리고 전주화약과 집강소 설치라는 그러한 역사가 있는 장소에 우리가 서 있는 것입니다. 이 자리에서 전주시를 내려다보며, 모든 사람들이 하늘처럼 대접받는 그런 세상이 오리라는 희망과 기대를 갖고 전주에 입성했던 그 농민들의 마음을 돌이켜 보면서, 지금 나는 무엇을 할 것인지를 생각해 보면 좋겠습니다.

"우리는 오로지 현재의 눈을 통해서만 과거를 조망할 수 있고, 이해할 수 있다."고 영국의 한 역사가는 말했다. 오늘 완산칠봉에 올라 동학농민군전주입성비를 바라보는 백여 명의 순수한 눈들은 123년 전의 역사적 사건을 새로운 이해와 해석으로 바라보게 될 것이다.

현빈 씨 아이들은 재잘재잘 활기 넘치는 언니 오빠들을 만나자 더욱 신이 났다. 현빈 씨 부부도 덩달아 기분이 좋아진다. 떠들썩한 지금 분위기처럼 그날의 동학농민군들도 새로운 희망으로 들뜨고 소란스러웠으리라.

* * *

전라도 전주편/ 완산 칠봉 전투와 전주화약

동학농민군은 백산성에서 혁명군 조직을 편성할 때 격문과 사대강령을 선포했다. 또 동학농민군에게 십이개조군율을 지키도록 했다.

"항복한 자는 대우한다. 곤궁한 자는 구제한다. 욕심만 탐하는 자는 내친다. 그렇지 않은 자는 존경하며 받든다. 달아나는 자는 추격하지 아니한다. 굶주린 자에게는 음식을 준다. 간교한 자는 그치게 한다. 가난한 자는 도운다. 병자에겐 약을 제공한다. 불손하게 거스르는 자는 타일러 깨닫게 한다. 효를 다하지 못하는 불충한 자는 제거한다. 이 십이개조는 우리들이 배우고 행하는 데에 근본으로서 만약 이를 어기는 자는 감옥에 가둔다."

동학농민군이 전주성을 무혈점령한 것은 스스로 정한 사대강령과 십이개조군율 등에 나타난 정신이 뒷받침되었기 때문이었다. 그렇게 동학농민군은 1894년 4월 27일을 조선 역사의 분기점으로 만들었다.

전주성으로 들어서며 새로운 세상에 대한 기대감으로 목청껏 함성을 올렸던 농민군들 가운데 열네 살의 소년장수 이복용도 있었다.

동학군이 전주성을 점령한 직후 당시 조정과 지배층, 관리들은 애써 동학농민군의 충정을 외면하고 폭도로 몰아서 진압하는 데만 골몰하였다. 그 결과 청나라에 원병을 요청하였고, 텐진조약과 자국민 보호를 빌미로 일본군도 야욕을 드러낸다. 초토사 홍계훈은 동학농민군이 전주성을 점령한 이후에야 전주에 도착하여 완산에 진을 친 다음, 완산칠봉에서 대포 세 발을

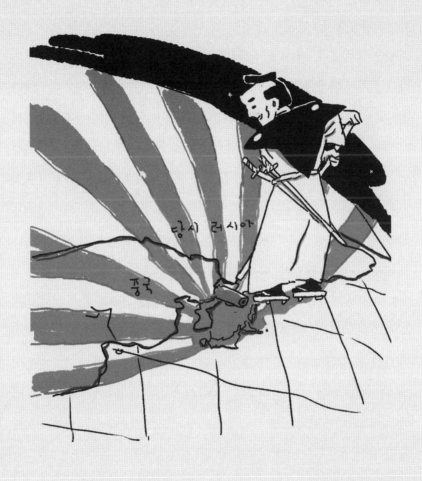

전라도 전주편/ 완산 칠봉 전투와 전주화약

전주성을 향해 발사한다. 완산전투는 그렇게 시작되었다. 그러나 여러 차례 공방전에서 동학농민군과 관군 누구도 확실한 승기를 잡지 못한 채 양측의 희생만 커져 갔다. 게다가 외국군대가 잇따라 조선 땅을 짓밟고 나라가 크나큰 위기에 빠져들어감을 목격한 동학농민군과 관군 사이에는 이 국면을 전환해야 한다는 공감대가 형성되었다. 동학농민군은 전주성에서 철수하는 것을 조건으로 폐정개혁안을 제시했다.

동학농민군들은 폐정개혁안을 두고 조정과 힘겨루기를 한 끝에 겨우 약속을 받아 내고, 전주성을 점령한 지 열흘 만에 전주성을 관군에게 돌려주었다. 전주성 공방전에서 동학농민군은 관군에 당당하게 맞서기는 했으나, 그 피해도 만만치 않았다. 이복용을 비롯한 소년장수들도 장렬히 전사했다. 장한 의기와 빛나는 꿈들을 꽃피워 보지도 못하고, 동족의 손에 피 흘리며 죽어 간 것이다. 조선 조정이 그들의 호소를 하늘의 뜻으로 받아들였다면 이 나라 이 땅이 일본군의 총칼 아래 난도질 당하고 백성들의 피도 물들었겠는가! 현빈 씨는 묻고 싶어졌다. "사람의 소리가 안 들리십니까?" 하고 말이다. 동학농민군들은 초토사 홍계훈에게 보내는 호소문에 이렇게 적었다고 한다.

우리도 또한 이 나라 임금님의 백성입니다. 어찌 바르지 못한 마음으로 위협을 하려는 마음을 가지면서 천지간에 호흡을 하려고 하겠습니까? 우리의 이 거사는 놀라운 일이지만 군사를 동원하여 백성들을 도륙한 것은 누가 먼저 하였습니까? 옛날 관찰사가 허다한 양민을 살육한 것은 생각하지 않고 도리어 우리의 죄악만을 말합니다. 교화를 펴는 관찰사와 백성을 기르는 수령이 오히려 양민을 많이 죽였는데, 이는 죄가 아니고 무엇입니까? 대원군을 받들어 나라를 감독하게 해 달라는 것을 어찌하여 역적이라고 하십니까? 저희들을 토벌하기 위해 군사를 모집한다는 글을 보았습니다. 만약 그것이 사실이라면 어찌 이런 일이 있을 수 있습니까? 완산에다 대고 대포를 발사한 것을 도리어 우리의 죄라고 말하는데, 홍계훈 초토사께서 대포를 발사하게 하여 경기전을 훼손한 것이 예사롭고 법도에 맞는 일입니까? 군사를 동원하여 죄를 묻는다고 하면서 무죄한 백성들을 살해함이 합당합니까? 성에 들어가 병기를 수집한 것은 몸을 방어하고 생명을 보존하기 위한 것에 불과한 것입니다. 원한이 있는 자에게는 반드시 보복하고, 그들의 묘를 파고 재물을 토색질하는 짓은 우리가 가장 미워하고 금하는 것입니다. 탐관이 비록 학정을 하지만 나라에서는 듣지 못하고 백성들이 목숨을 보존하기 어려운 상황에서, 탐관들을 하나하나 베어 없애는 것이 무엇이 죄가 됩니까? 완산은 나라의 중한 곳이거늘, 봉산(封山)에 진을 치고 산을 훼손하는 일은 법에서 금하였거늘 초토사께서 고의로 범하는 것은 무슨 뜻입니까? 느끼고 깨우쳐 속죄할 방법은 초토사께서 저희들의 사정을 선처하여 임금께 보고하는 것이니, 우리 백성들을 한 번 돌아보기를 바랄 뿐입니다. 우리의 말은 여기에 그칩니다.

1894년(甲午) 5월 초 4일

뭐?

홍계훈이 완산칠봉에 화포를 설치했다고?

저 산은 이 나라 탄생을 도운 기운이 있다는 신령스러운 산인데,

거기다 화포까지 설치하다니,

우릴 몰살 시키겠다는 건가?

화포도 무려 네 문이야.

그뿐인 줄 아니? 청나라의 장군과 군사 천 명도 가세했어.

제 나라 백성을 죽이겠다고…

전주성 점령한 지 채 하루도 안 됐는데 외세까지 불러들이다니.

청나라 군대가 왔다면 왜나라 군대도 곧 올텐데.

서로 조선을 먹겠다고 우리 땅에서 싸울 거고… 조선 백성만 그 사이에서 죽어나겠지.

그리 멀리 갈 것도 없다. 그 전에 다 굶어 죽게 생겼어.

당장 군대가 들어오면 식량부터 구할 텐데. 어디서 뜯어 가겠어?

저기 선판길 아냐?

맞다. 우는 것 같은데?

판길아, 판길아!

어, 정도령, 이복용. 니들 같이 있었구나.

무슨 일이야? 왜 우냐? 장군님한테 야단맞았어?

아니다—

사람이 하늘이다

서 설마 너희 부모님도?

흑흑, 그런 거 같아.

두 분 모두 곤장 맞다 결국 돌아가신 것 같애… 옥에 갇힌 사람들 말로는… 부모님 구하고 싶어서

동학군이 됐는데 너무 늦게 찾아갔어…

너무 늦게… 엉엉 -

제대로 먹지도 못한 죄 없는 백성 잡아다 세금 뜯겠다고 곤장으로 쳐 죽이고.

더는 못 참아. 내가 갚아 줄게.

우리 부모님과 판길이 부모님 억울하게 당한 거 다 복수한다.

야, 이복용!

동학도한테 복수는 금지란 거 몰라?

사사로운 감정을 멀리하고 대의만 따른다고 녹두 장군님한테 배웠잖아.

사람 목숨을 개돼지로 취급하는
양반 관리들, 본땔 보여야
사람 무서운 거 알 거 아냐!

이복용, 네 이놈!

헉!

해월 선생께서 뭐라 하였느냐?
사람이 하늘임을 보이라 했지, 사람의
무서움을 보이라 했느냐?

그러고도 네가 농민군을
이끌 자격이 있느냐?
소년장수 이복용이라
할 수 있느냔 말이다!

녹두장군님, 그 그게
아니오라…

우리가 서문 밖 장날을 이용해 수백 명의
상인으로 위장한 뒤 전주성에 들어가 점령한
이유가 무엇이더냐?

무, 무혈이었사옵니다.

어허. 뼛속 깊이 외우라 했던 군사가 지켜야 할 사대강령은 잊었느냐?

아니옵니다!!

다시 읊어 보거라!

첫째, 적을 대적할 때 언제나 칼에 피를 묻히지 않고 이기는 것을 최고로 삼는다.

둘째, 부득이하게 싸우더라도 절대로 무고히 상처를 입히지 않는 것을 귀하게 여긴다.

일어나라 -

고맙소…

셋째, 행진하여 지나는 곳에서 사람과 물건에 해를 입히지 말라.

넷째, 효제충신이 있는 마을 십리 안에는 들어가지 말라.

이 마을은 돌아간다 -

孝悌忠信

여성 동학군과 형제혁장

― 전라도 장흥편

석대들 그날의 함성을 태우다

이번 주에 현빈 씨 가족이 찾아가는 곳은 전라남도 장흥이다. 장흥은 특히 가을 풍경이 멋지다고 한다. 천관산 억새 덕분인데, 다도해의 풍광, 기암괴석 사이로 비치는 햇살과 어우러져 절묘한 색감을 드러내는 천관산 억새는 우아하면서도 탁월한 절경이라고 아내가 말한다. 가을에 꼭 한 번 다시 와 보고 싶다는 아내의 말에 현빈 씨는 지체 없이 '엄지척'으로 승낙하고, 장흥에서 벌어졌던 석대들전투 유적지를 향해 부지런히 속력을 낸다.

* * *

1895년 1월 『양호우선봉일기』를 보면, 일본군 후비보병제19대대 대대장 미나미 고시로는 장흥 동학군 이소사의 남편 김양문을 나주로 오게 하여 간병을 하도록 명령한다. 수많은 동학군 포로들 가운데 특별히 이소사의 간병

장흥 전투의 현장 석대들판

을 지시하고, 남편이 손수 그녀의 수발을 들 수 있게 하라고 부하들을 닦달했다. 죽산부사 이두황 명령대로 이행했다는 보고를 한다.

"여자동학 이소사의 남편 김양문은 그간 사방으로 수소문하여, 지금 비로소 불러온 까닭에 그 사람을 보냅니다. 이에 그 연유를 보고하옵고, 늘 평안하시길 바랍니다."

미나미 대대장은 무슨 이유에서 동학군인 이소사를 우대했을까? 현빈 씨 부부는 궁금했다. 비록 역사는 그녀가 어떤 사람인지 정확히 말해 주지 않지만 조선에서 차별받는 여성이었던 이소사가 동학에서는 중요한 인물이었다는 것을 짐작하게 한다. 현빈 씨의 호기심은 한 발 더 나아간다. 전국적으로 일어났던 동학농민혁명 속에는 이소사·김소사처럼 성만 가진 소사(召史; 양인의 아내나 과부)들이 많이 있었을 텐데, 그들의 이야기는 왜 이소사처럼 소개되지 못했을까? 그리고 보니 동학은 당시 전국적인 봉기였다는데 동학농민혁명 유적지가 전라 지역에만 있다는 것도 의아했다.

박맹수   그러니까 그런 부분에서 동학사상이나 동학농민혁명을 계속해서 연구해야 하는 이유가 있는 것이죠. 자기 것인데도 자기 것인 줄 모르고 있는 문제를 극복해야 합니다. 동학은 본래 경상도에서 창도되었어요. 그래서 수운 선생이 동학을 창도한 경주 용담정과 여러 성지들이 지금도 많이 남아 있어요. 그러면 경상도만 관련되어 있느냐? 그렇지는 않아요. 수운 선생이 처형(1864, 대구장대)된 뒤에 동학 교주가 된 해월 선생이 강원도로 숨어들어 가서 동학을 재건하거든요. 강원도는 사실 동학 유적이 제일 많아요. 예를 들면, 지하에서 숨어만 지내다가, 이제 공개적으로 순회 포교를 하기 위해서 강원도 정선에서 정기 수련회를 다시 열거든요. 그걸 개접이라고 해요. 지하에 숨었던 동학이 1875년 전후로 지상으로 재건됐던 땅이 강원도 정선이고, 그다음 1880년 전후로는 인제 등지에서 동학의 핵심 경전인 『동경대전』과 『용담유사』가 잇따라 간행되고, 그다음에 더 중요한 것이 해월 최시형 선생님이 동학혁명의 지도자들과 함께 강원도 일대에서 수련한 것입니다.

대표적으로 태백시 고한읍에 가면 정암사라는 절이 있는데 거기서 산 속으로 2킬로미터 남짓 올라가면 정암사에 딸린 적조암이라는 암자가 있어요. 이 적조암이 사실은 1870년대부터 1890년대 초까지, 동학의 중견 지도자들을 수련시켜 지도자로 키우는 본부였어요. 갑오년에 활약한 동학농민군 지도자들 대부분이 거기 가서 수련을 했어요. 그러니까 사실 강원도가 경전이라든지, 조직이라든지, 지도자 양성이라든지 동학농민혁명이 이루어질 수 있는 기반을 다 깔아 놓은 땅이에요. 그런데 정작 강원도에 가면, "우리가 동학하고 뭔 관계야?" 이런 분위기니, 이제 그런 생각을 극복하는 노력을 해야지요.

잊혀지고 묻혀진 동학의 사적들만큼이나 동학농민혁명에 참여했던 동학 여성들은 갑오년 당시에도 그랬고, 현대에 와서도 그렇고 남성에 비해 제대로 조명받지 못한다는 느낌이 든다. 아직도 여성이 과소평가되어야 하는 이유가 있는 것일까? 외국의 한 여성학자가 한 말이 생각난다. "뭔가 하려고 열망하는 여성은 '미친 여자'로 불린다." 현대에도 이러한데, 조선 시대에 여성의 참여를 달가워했을 리 없다. 성리학에 찌든 사대부 관료들 입장에서 동학 여성 지도자들은 '미친 여자'·'망측한 요물'인 것이다. 당시 각 관아의 관리들이 보낸 첩보의 내용에도 이런 시각이 그대로 묻어난다.

> 1월 3일, 첩보하기를, "여자 동학은 그들(동학도)이 신이부인(神異夫人), 즉 신령스러운 부인이라 일컫는데, 요사스런 말을 해서 어리석은 백성들을 현혹한 일대 요물인지라 이달 초 1일에 나주에 주둔하고 있는 일본군 대대로 보냈습니다."
>
> 광주목사가 첩보합니다. 엄소사는 '동학통령'이라 불리는데 재판을 받는 과정에서 자수하였습니다.

특히 지도자 역할을 담당했던 '소사'들의 모습은 영락없이 미신을 추종하는 실성한 여자로 묘사되고 있다. 하지만 사료에 빼곡히 들어찬 글 속에서, 고문의 고통에서 벗어나고자 종교를 등졌거나, 찢기는 고통을 참기 위해서 경전의 주문을 외웠을 가능성이 매우 큰 것을 발견할 수 있다. 당시의 역사

장흥 동학농민혁명기념탑(전라남도 장흥군 장흥읍 읍성로 2)

전라도 장흥편/ 여성 동학군과 형제혁장

는 여성의 역할을 제대로 기록하지 못했다. 일본의《국민신문》에 실렸던 주한 일본 공사의 기록을 보면 더 확신이 선다.

'사람이 하늘이다'라는 말은 생명의 배태와 탄생의 주역인 여성과 아기들에 대한 세상의 극진한 모심이라고 말한 시인도 있다. 청춘과부의 개가(改嫁)를 허락하는 것부터 동학정신을 실현하는 것이니, 어찌 싸우지 않고 가만히 있을 수 있었겠는가! 아울러 천민 차별을 개선하고 무명잡세를 폐지하며, 횡포한 부호와 유림·악질 탐관오리는 그 죄상을 조사하여 엄하게 징벌하고, 관리 채용에서 지벌을 타파하고 인재를 등용한다 등등 열두 가지 폐정개혁안을 실현하여 한 번이라도 사람답게 살아보려면, 자식들만이라도 그런 세상을 볼 수 있게 하려면, 싸워야 했다.

사람사람이 서로 하늘처럼 극진히 대접하는 세상을 만들기 위해 분연히 일어섰고, 그 때문에 하늘의 별처럼 많은 동학농민군들이 처참하게 희생당한 것이다. 한 여성운동가는 말했다. "무명용사들보다 더 알려지지 않은 이들이 있다. 바로 무명용사들의 이름 모를 아내들이다." 우리는 무명용사들과 함께 무명의 소사들도 기억해야 한다.

* * *

현빈 씨는 이름도 없이 스러져 간 소사들의 위령비 하나 없음이 안타깝기 그지없었다. 아내를 돌아보며 현빈 씨가 말했다.

"내가 당신이랑 아이들을 데리고 동학 공부길을 시작했을 땐 그저 아이들에게 현장에서 역사를 생생하게 공부하게 하겠다는 생각이 앞섰는데, 어느덧 아이들보다 내가 더 배우는 게 많다는 생각이야. 그런데 오늘 여동학 이야기들을 듣다 보니, 나 역시 무언가 더 일하지 않으면 안 되겠다는 생각이 들어."

현빈 씨의 아내는 그저 빙긋 웃음으로 그 뜻을 알겠다는, 나 또한 그러하다는 속내를 내비쳤다.

집으로 돌아오는 길. 현빈 씨는 묵직한 돌덩이가 뱃속에 들어앉은 듯한, 그럼에도 체중이라기보다는 뱃속이 든든하여 무슨 일이라도 할 수 있고, 어디까지라도 갈 수 있고, 몇 날 며칠이라도 깨어 있을 수 있겠다는 묘한 흥분이 가시지 않았다.

* * *

현빈 씨와 가족들은 이방언 장군이 3만여 동학농민군을 이끌고 동학농민혁명 최후의 대항쟁을 벌였던 장흥 석대들에 도착했다. 아이들 눈에는 아픈 역사의 현장인 석대들도 여느 농촌 들녘과 다르지 않아 즐겁게 뛰어다니느라 정신이 없다. 지금의 이 평화로운 들녘이 120여 년 전 민초들이 숱한 피를 뿌렸던 곳이라는 생각에 현빈 씨는 가슴이 아려 온다.

신식 무기로 무장한 일본군과 관군, 민보군에 대항하여 끈질기고 강인한 정신력으로 싸웠던 석대들 격전지는 참으로 고요했다.

박맹수   지금 우리 눈앞에 장흥 석대 들판이 보입니다. 이곳에서 1894년 12월 10일경에 유명한 석대들전투가 벌어졌습니다. 여기 장흥 동학농민혁명과 관련해서 꼭 기억해야 할 지도자가 이방언이라는 분입니다. 이분은 이 지역에서 대대로 살아왔던 인천 이씨라는 양반 가문에서 태어나 유명한 유학자 고산 임헌회 선생 밑에서 수학하였습니다. 그는 200석 이상 소출을 내는 지주계급이었고, 뿌리 깊은 유학자 집안 사람이었어요. 그 어른이 공부를 한창할 때 강진향교를 출입하면서 많은 후학들을 가르치신 오남 김한섭 선생도 동문수학하셨는데, 오남 선생 문집에도 이방언 대접주 이야기가 나옵니다. 묘한 게 한 스승 밑에서 같이 공부를 했는데 이방언은 동학농민군 지도자가 되었고, 김한섭은 후에 동학농민군을 진압하는 관료가 되었단 말이죠. 아무튼 이방언은 기골이 장대하고, 인품도 뛰어나고, 성정이 의로우셨다고 합니다. 갑오년에 전국적으로 극심한 흉년에 역병까지 돌았다고 해요. 장흥 역시 서민들의 생활은 말이 아니었겠지요. 그런데도 관청에서 세금을 가혹하게 거두니 백성들이 어디 살 수가 있었겠어요? 산으로 들어가 화전민이 되기도 하고 유랑민이 되기도 했습니다. 이방언은 백성들의 고통을 보다 못해 장흥부사를 찾아가서 세금을 감면해 달라고 진정했어요. 장흥부사가 말을 안 들어주니까 그다음은 전라감영을 찾아갔죠. 그때는 용산이 남면이었습니다. 그런데 남면 일대의 세금을 전면 탕감

전라도 장흥편/ 여성 동학군과 형제혁장

받은 거예요. 그런 의로운 일을 하고 그러니까 많은 평민들이 이분을 지도자로 모시고 동학혁명에 가담을 했겠지요.

장흥 석대 들판. 123년 전, 이 평화로운 곳에서 전라 지역 최후의 대규모 전투가 있었다는 게 현빈 씨는 실감나지 않았다. 유적지로 보존하지 않으면 역사의 현장은 세월을 껍질 삼아 겹겹이 누에고치가 되어 제 모습을 감춘다. 다행히 전라남도 장흥군 장흥읍 남외리 일원의 석대들 격전지는 유적지 지정이 되었다. 무엇보다 장태장군이라고 불렸던 동학농민군 이방언 장군이 지하에서 더 기뻐하셨을 것 같다.

이방언 장군…. 장흥 지방의 상당한 재력가이자 학문이 깊고 덕망이 높은 유학자였다니…. 현빈 씨는 그런 분이 동학교도가 되어 정부군에 대항하는 동학농민군을 이끌었다는 사실이 조금 의아하다. 몰락양반도 아닌 그가 뭐가 아쉬워 동학에 뛰어들어 목숨 걸고 싸웠던 것일까? 서민들의 고혈을 짜는 부자들에 대한 적대감이 팽배해 당시 동학에는 '반불입(班不入)·사불입(士不入)·부불입(富不入)'이라고 해서, 양반·지식인·부호들은 들이지 않는다는 암묵적인 규율이 있었다고 하지 않았는가. 역사학자 이이화는 이렇게 해설한다.

이방언 장군은 장흥에서 말을 타고 종을 거느리며 출입하는 신분인데도 농민의

장흥 동학집강소가 설치되었던 장흥 자라번지

고통을 동정하는 의인이었던 탓에 많은 우러름을 받았던 것입니다. 동학농민군들이 전주성을 점령하고, 폐정개혁안 12개조를 실행하기 위한 집강소 설치 약조를 받은 뒤 전주성을 물러날 때, 농민군들은 무기를 돌려주고 때로는 수십 명씩, 때로는 수백 명씩 무리를 지어 각기 흩어졌습니다. 그러나 이들은 흩어질 적에도 온통 승리감으로 기세가 높았지 결코 패배하여 잔병으로 고향에 기어드는 모습이 아니었습니다. 새로운 일을 벌여야 했는데, 그것이 집강소 활동이었죠. 전라도 지역 50여 고을에 집강소를 설치한 뒤 남원에서 단합 대회를 개최할 정도였습니다.

장흥동학농민혁명기념관(전라남도 장흥군 장흥읍 읍성로 2)

이방언 접주는 전주화약에서 약속된 폐정개혁안을 실행하기 위해 장흥 지역에 집강소를 만들어 탐관오리들에게 실천할 것을 강력하게 요구한다. 그 때문에 장흥의 농민들이 평등 평화의 개벽 세상을 맞아 행복해 하는 모습을 그려 보는 현빈 씨 가슴이 따뜻해진다.

박맹수   동학혁명 당시 이 석대들에서 3만 명의 동학농민군이 여기까지 쫓아온 관군·일본군하고 싸우게 되는데, 갑오년 당시 우리나라 인구가 1500만 명 정도였다고 하니 3만 명이라는 건 지금 생각해도 대단히 많은 숫자입니다. 게다가 그때는 동학군이 쫓길 대로 쫓긴 막바지였는데, 그 같은 대규모의 인원이 모일 수 있었던 것은 이방언의 영향력 때문이었으리라 짐작할 수 있습니다. 당시 기록에 따르면 저 건너편 산기슭으로부터 3만 명의 동학군이 몰려 내려와 이 석대 들판을 중심으로 격전을 벌였는데, 잘 아시다시피 동학농민군들은 정규적인 군사훈련을 받은 것도 아니고 또 제대로 무기를 갖춘 것도 아니었습니다. 그런데 동학농민군을 진압하러 내려왔던 일본군은 최신식 무기인 스나이더 소총 등으로 무장하고 있었어요. 관군은 스나이더 소총까지는 아니지만, 천보총이라는 서양식 총을 가지고 있었습니다. 게다가 관군 기록이나 일본군 기록을 보면, 그들이 유인 전술을 썼다고 그럽니다. 지금 보시는 숲이 우거져 있잖아요. 그 숲에 병력을 숨겨 놓고, 유인을 해서 기습을 했습니다. 우리 동학농민군은 3만 명이 싸웠지만, 최신식 무기와 유인 전술 때문에 일방적으로 패배하여 앞에 보이는 저산을 넘어서 남쪽으로 후퇴했습니다.

동학농민군은 통위영군이 있는 북쪽 주봉을 막으며, 교도중대와 일본군들이 숨어 있는 성 모서리 대밭을 향해 진격했다. 일본군의 작전은 석대 들판 숲에 숨어서, 민병 이삼십 명을 이용하여 토끼몰이 하듯 동학농민군들을 산에서 평야로 유인하는 것이었다. 결국 사방에서 날아드는 총알을 피하지 못하고 동학농민군들은 숱한 사상자를 내고 후퇴하였다. 하지만 동학군이 손쉽게 진압된 것은 아니다. 그날 이후 무려 십 일간 지옥 같은 사선을 넘나들며 장흥 일대에서 공방전을 거듭했지만 결국 일본군의 신식 대포와 스나이더 소총 앞에서 처절한 패전을 맛보아야 했다. 그것은 동학군들에게 최후의 재기 희망을 앗아가는 일이기도 했다. 간신히 몸을 피해서 숨은 농민군들은 추적군들에게 잡혀 끌려가 벽사역에서 죽임을 당했다. 잔인함의 끝을 보게 했던 참혹한 광경이 연일 벌어졌다. 일본군의 추격은 거세고 빈틈이 없어, 이방언 장군을 비롯한 대부분의 동학농민군 지도자들이 체포되거나 사살당했다. 살아남은 농민군들은 뿔뿔이 흩어져 서남 해안의 작은 섬으로 피신하였다.

어린 사공 윤성도는 역사 기록에는 나타나지 않지만, 장흥 지방의 어른들의 구전 속에서 뚜렷이 그 자취를 남겼다. 동학농민혁명에는 이렇게 어린 사공에서부터 그 수를 헤아릴 수 없이 많은 농민들이 참여했고, 이름 모를 농군들이 그들을 도왔다. 이유는 짐작된다. '좋을시고 좋을시고 이내 시호 좋을시고 태평가를 불러내어 시호 시호 득의로다 너도 득의요 나도 득의요 우리 집도 득의로다' 이렇게 모두의 바람이 성취되는 세상, 새로운 세상을 고대했기 때문일 것이다.

박맹수   요즘 도로나 철도 이런 것들을 인프라라고 하는데, 동학농민혁명을 하던 시대는 그런 인프라가 전혀 없었고, 전화나 전보도 당연히 동학농민군들한테는 없었어요. 게다가 그 시대는 문맹률이 80-90%가 되던 시대예요. 문자를 읽고 쓸 수 있는 사람이 10% 내외밖에 안 되었다는 거지요. 그런데 어떻게 그 엄청난 규모의 사람들이 동학농민혁명에 뛰어들었을까요? 인프라도 형성되지 않았고, 민도도 낮았고, 문맹률은 높았는데 어떻게 전국적 규모의 혁명이 가능했을까요? 그동안 학자들은 "백성들이 못 먹고, 다 빼앗겨서 들고 일어났다."는 식의 이해를 했습니다. 장흥의 이방언 접주는 그런 피상적인 이해가 잘못되었다는 걸 여실히 증명해 줍니다. 그런 사례는 얼마든지 있어요. 그러면 동학농민혁명의 참된 원인은 무엇이냐? 물론 농민들의 절대빈곤이나 핍박도 이유가 되지만 저는 더 큰 배경이 있다고 생각합니다. 그것이 무엇이냐면, 새로운 세상을 열겠다는 꿈이 있었다는 겁니다. 지금보다 나은 세상에서 내 자식과 내 손자들이 희망을 갖고 사람답게 대접받기를 바라는 개벽의 꿈이 있었기 때문에 봉기했다는 걸 저는 말씀드리고 싶습니다. 그때 뜻있는 양반 관리들과 지방 명망가들, 그리고 동학에 뛰어든 가난하고 힘없는 백성들까지 모두 그 개벽의 꿈을 가지고 있었습니다.

장흥까지 내려오시느라 고생 많으셨습니다.

한 잔 쭈욱 들이켜시고 오늘 밤은 편히 쉬시옵소서

미나미 고시로 소좌님.

쪼르르...

장흥 동학당에 '이소사'라 부르는 여장부가 있다 들었으므니다.

알고 있는 일이므니까?

알고 있습지요.

동학농민군들 중에는 청상과부들이 더러 섞여 있습지요.

첫날밤은커녕 지아비 얼굴 한 번 본 적 없는 처녀과부도 많이 있지요.

아내가 남편의 얼굴을 모르다니 그것이 가능한 일이므니까?

저희 조선은 자식이 성인이 되기 전에 집안끼리 정혼을 하지요.

그 사이에 남편이 사고를 당해 죽거나 병에 걸려 죽어도, 혼인 약조를 지키기 위해 비록 남편은 없지만 남편이 살던 집으로 시집을 가는 풍습이 있습니다.

그렇스므니까?

어디 그뿐 입니까?

한 번 시집간 여인은 청상과부라는 꼬릴 붙이고, 다른 집에 개가도 못 하게 합니다.

그런 악법을 뜯어고칩시다!

옳소 -

힘을 합쳐 뜯어고칩시다!

......

전라도 장흥편/ 여성 동학군과 형제혁장

전라도 장흥편/ 여성 동학군과 형제혁장

폭풍우가 일고
있습니다.

바다가 잔잔하면
왜군의 수색이
심해지니 -

차라리 비바람이 돕고 있다
생각하십시오. 으차으차.

내가 총상만 없었어도, 노 하나
젓는 건 문제가 아닌데….

ㅇ ㅇ ㅇ….
어린 사공이
수고가 많소.

사람이 하늘이다

아닙니다.

지금까지 금당도·생일도· 약산도 등등 덕도에서 실어 나른 동학농민들만 해도 수백 명은 됩니다.

하긴 우리 동학농민군이 오백은 넘게 덕도에 숨었으니까 수백은 되겠지.

대단하구만. 훌륭해

나이도 어려 뵈는데, 언제 이렇게 노 젓는 것을 배웠어요?

이름은 뭐예요?

나는 유소사예요.

말씀 놓으세요. 제 이름은 윤성도고요.

올해 열여섯입니다.

바다에서 태어나 배를 놀이 삼아

노 젓기를 아버지한테서 배웠습니다.

오, 윤성도….

친정에 두고 온 내 아들 이름하고 같네.

걘 이성도인데… 흑….

그럼 반드시 살아서 돌아가셔야겠네요.

제가 안전하고 잠행이 가능한 그런 육지에 배를 델 터이니 조심스럽게 찾아가시면 될 겁니다.

흑….

전라도 장흥편/ 여성 동학군과 형제혁장

농군님!

죄송합니다.

제가 노를 더 힘껏 저었어야 했는데….

폭풍우 때문이지 왜 네 탓이야?

폭우 속에 심각한 부상자들을 이렇게 많이 싣고 배를 탔는데….

언제까지 이 어둡고 두려운 세상을 겪어야 한답니까!

우리가 바라는 후천개벽은 오는겁니까?

사람이 하늘이다

시천주 조화정… 잊으셨습니까?

우리가 살아 있는 한 개벽은 반드시 찾아옵니다.

우리의 힘을 믿으세요.

지금은 개탄스럽고 분통해도, 사기를 잃으시면 개벽은 결코 오지 않습니다.

맞습니다. 유소사 님 말씀대로 기개가 없으면 바꿀 수 있는 건 아무것도 없습니다.

용기를 내십시오. 이 소년사공 윤성도가 끝까지 돕겠습니다.

어린 사공도 끝까지 돕겠다잖아요.

힘냅시다. 힘냅시다.

우리의 꿈은 사라지지 않는다.

전라도 장흥편/ 여성 동학군과 형제혁장

꿈!

현빈 씨는 그 말이 가슴을 찌르며 다가오는 것을 느꼈다. 그렇지 꿈!

그러고보니 현빈 씨는 아이들과 '꿈' 이야기를 나눠본 적이 언제인지 까마득하다는 데 생각이 미쳤다. 오늘은 조심히 내 어릴 적 꿈을 이야기해 주어야겠다고 현빈 씨는 다짐해 본다.

적과 적의 친구

박맹수   여기 보시다시피 동학농민을 기리는 기념탑이 세워져 있는데, 전국적으로 동학농민혁명 관련 기념탑은 20여 개가 세워져 있어요. 예를 들면 강원도 홍천에도 기념탑이 있고, 충청남도 태안에도 있고, 최북단으로는 강원도 고성 왕곡리마을에도 작은 기념비가 세워져 있습니다. 강원도 원주에는 해월 최시형의 최보따리 기념비가 있죠. 이런저런 기념탑들을 보면 동학이 특정 지역에 머물러 있지 않고 전국적으로 퍼져 나갔다는 것을 알 수 있습니다. 동학농민혁명이 전국적인 혁명이었다는 것이죠.

그중에서도 장흥 지역의 동학농민혁명은 무엇보다 타 지역 농민군들의 참여가 많아지면서 크게 확대되었다는 데 의미가 있다. 물론 그 이면에는 동학농민군들이 공주에서부터 일본군·관군의 포위 섬멸 작전에 밀려 이곳까지 쫓기고 쫓겨온 사연이 있었다. 그러나 그런 이유 말고도 금구 동학 군들이 대거 지원하러 내려왔고, 화순·보성·영암·해남에서도 동학군들이 보국안민의 깃발 아래 새롭게 모여들었다. 이곳 장흥은 동학농민혁명이 전국적인 혁명이었다는 것을 보여주는 또 하나의 귀중한 현장인 것이다. 혹자는 이것이 목숨 건 끈끈한 연대 의식이 있었기에 가능했고, 이들이 목숨 걸고 연대할 수 있었던 이유를 '사람이 하늘이다'라는, 인간 평등을 내세운 동학사상에서 찾을 수 있다고 했다. 현빈 씨 부부는 장흥동학농민혁명기념관에 걸린 '사람을 하늘같이 섬기자'는 '사인여천' 그림을 보면서 이러한 사실을 실감할 수 있었다. 아이들은 기념관 체험 공간에서 노 젓는 소년사공 윤성도가 되어 보며 즐거워하고 있다. 뱃사공 윤성도는 덕도에 몸을 숨긴 동학농민군들이 덕도 인근 여러 섬으로 피신할 수 있도록 도운 용감한 소년이다. 당시 장흥 석대들전투에서 패한 동학농민군들 중 남도 끝자락 덕도까지 쫓겨온 500여 명을 살려낸 것이다. 이 500명은 일본군에 의한 '동학농민군' 대량 학살, '제노사이드 작전'에서 구사일생으로 목숨을 건지게 된다.

동학농민군은 전국적으로 단결했지만, 또 한편에서는 관군과 민보군이 동학농민군을 마구잡이로 체포하여 무참히 살해하는 상황이 계속되었다. 일본군은 또 형제가 담 안에서 싸운다는 형제혁장의 참상이 일어나도록 교묘히 유도하였다. 겉으로 보면 제 동족을 집단 학살하는 형제혁장의 참상이 벌어졌던 것이다. 한마디로 미나미 고시로 같은 일본군 지휘관이 치밀하게 준비한 작전에 조선 조정과 백성들이 어리석게 휘말린 것이다. 가와카미 소로쿠 병참총감의 밀명을 받은 일본군의 동학농민군 섬멸 작전이 얼마나 은밀하고도 음흉하였던지 미나미 고시로의 명령을 받아 동학농민군 진압에 앞장섰던 죽산부사 이두황은 일본군의 작전에 대하여 "그 계책은 신묘하여 변화를 헤아릴 수가 없다."라고 말했을 정도다. 조선의 유학자 매천 황현도 일본군의 간악한 행동에 의아함을 감추지 못했던 당시 백성들의 분위기를 그의 문집에서 이렇게 증언하고 있다.

> 일본군이 처음에는 동학농민군을 토벌한다고 큰소리를 쳤다. 일본군이 경군을 따라 남쪽으로 내려갈 적에, 사람들은 일본군이 반드시 동학도들을 마음대로 처리할 것이라고 말했다. 그런데 일본군이 이르는 곳에 군사를 몰아가지 않고, 다만 경계나 감시 따위의 업무만을 일삼아 민심을 얻으려 했다. 이렇게 민심을 얻는 데에 힘을 쓴 탓으로 오히려 사람들은 더욱 그 뜻이 좋지 않음을 두려워했다.

현빈 씨는 일본의 조선 침략은 애초부터 준비되어 있었던 것이고 매우 지능적이었다는 사실에 새삼 분노가 치밀어 오른다. 일본군의 행동이 조심스러워 보였던 또 다른 이유가 있었는데, 그것은 일본이 불법으로 조선의 동학농민혁명에 개입한 데 대한 국제 여론을 의식한 것이었다. 게다가 당시 일본군은 겉으로는 조선 정부를 도와 동학농민군을 진압한다는 명분을 내

전라도 장흥편/ 여성 동학군과 형제혁장

세우지만, 그것을 빌미로 동학농민군의 배후 세력으로 판단한 조선 정부 혹은 대원군과의 관련 여부를 캐기 위해서 동학농민군 지도자들을 생포하는 데 역점을 두었던 것이다. 그러고는 동학농민군이 반봉건·반외세를 외쳤다는 죄목을 달아서 조선 관청에 넘겨 관군의 손으로 농민군을 처단하도록 한 것은, 조선 백성들에게 인심을 잃지 않겠다는 속성이 있었기 때문이다. 조선을 통째로 삼키기 위해서는 백성들의 민심을 일본군 측에 호의적으로 만들 필요가 있었다. 하지만 백성들은 어리석지 않았다. 일본군의 꿍꿍이를 알고 있었다. 그리하여 일본군이 지나가는 길에 일반 여염집에 피해를 별로 끼치지 않았음에도 불구하고 백성들은 일본군의 행동을 두려워했던 것이다. 역사학자 이이화의 글을 다시 살펴보자.

이렇게 일본군은 동학농민군을 잡아 거의 자기네들 손으로 죽이지 않고 관군 쪽에 넘기거나 또는 본영에 보내 조사를 끝내고, 서울에서 정식재판을 받게 하거나 놓아 주거나 했다. 이에 대한 이런 기록이 있다. "매양 비도들을 잡으면 우리 일본 사람들은 동학군들을 함부로 죽이지 않고 한쪽으로는 그 진위를 조사하고자 하고 다른 한쪽으로는 임금의 교지를 가지고 백성을 선동한 자취를 조사하고자 한다'라고 지난번 일본의 이노우에 공사가 말했습니다."

이 글은 김윤식이 충청감사 박제순에게 보낸 편지에 나오는 것인데, 그 교지라는 것도 임금의 거짓 교지를 말하는 것이다. 이 글처럼 일본군은 대원군과의 밀약설

또는 임금의 내밀한 지시를 캐기 위해 농민군 지도자들을 함부로 죽이지 않는다는 것이었고, 또 그 진위를 가린다는 것처럼 되어 있는데, 이것은 바로 이노우에 또는 일본 대본영의 교활한 정책에서 나왔던 것이리라. 이런 점은 동학 두령의 체포 과정에서도 증명되고 있었다. 그들은 장흥전투를 주도했던 이방언을 체포해 나주에서 조사한 후 혐의가 없다고 풀어 주었는데, 3개월 뒤에 관군 손에 죽은 사례도 있다.

박맹수 　석대들전투를 지휘했던 이방언 대접주는 후퇴해서 은신해 있다가 관군에게 체포되어 서울로 압송됩니다. 재판 기록이 남아 있는데, 1차 재판에서는 무죄 석방됐어요. 이방언 대접주가 왜 무죄 석방이 됐을까? 이걸 여러 가지로 추적해 보면, 대체로 민폐를 끼치지 않으려고 굉장히 애를 썼던 걸 감안한 것 같아요. 원래 동학농민혁명이라는 것이 여러 가지 잘못된 정치 때문에 도탄에 빠져 고통받는 백성들을 구하자는 차원에서 일어났기 때문에 가능한 한 희생을 줄이려고 애를 썼던 것입니다. 그것이 당시 재판에서 인정받아 석방되었던 것으로 보입니다. 그런데 석방되어서 고향에 내려왔는데, 이도재라는 사람이 전라감사로 부임해서 동학농민군에게 강경한 정책을 취해 전부 다시 잡아들이라고 합니다. 이방언도 이듬해인 1895년에 현지에서 체포되어 처형당한 것으로 기록되어 있습니다. 지금 장흥군 용산면에 가면 나중

전라도 장흥편/ 여성 동학군과 형제혁장

에 후손들이 처형된 시신을 모셔다가 조성한 묘소가 남아 있고, 최근에는 이 지역의 동학농민혁명이 재조명받아 조촐하게 정비가 되어 있어서 사람들의 발길도 늘어나고 있습니다.

이방언 장군에게 이성호라는 하나뿐인 아들이 있었다. 아들은 아버지를 도와 동학농민군 지도자로 활동하며 석대들전투에서도 장렬하게 싸웠다. 부자는 혈육이자 동지였다. 이방언 장군에게는 눈에 넣어도 아프지 않은 귀한 자식이었지만, 끝내 아들의 생명을 지켜 주지 못했다. 죽기까지의 과정도 너무도 끔찍했다. 총살도 아니고 효수도 아닌, 살아 있는 사람을 묶어 놓고 불을 질러 죽이는 분살형의 방법으로 참살한 것이다. 불구덩이 안에서 고통스러워하는 아들의 비명을 들으며, 이방언 대장은 생가슴이 찢기는 아픔을 견뎌야 했다. 아들을 지키지 못한 아버지, 아버지를 지키지 못한 아들이 숨을 거둔 그날 장흥의 하늘은 어땠을까? 백성을 지키지 못한 조선 정부의 죄는 어디에 물어야 하는가? 이방언 장군은 서울에서 재판을 받고 무죄로 풀려났으나, 갑자기 전라감사 이도재는 상전의 판결을 무시하고 다시 체포령을 내렸는데, 그것은 엄연한 불법 처형이었다. 전라감사 이도재는 진실로 누구의 밀명을 받았던 것인가?

"우리 일본 사람들은 동학군들을 함부로 죽이지 않고 한쪽으로는 그 진위를 조사하고, 다른 한쪽으로는 임금의 교지를 가지고 백성을 선동한 자취를 조사한다."던 이노우에 공사의 말에서 현빈 씨는 이런 의문이 들었다. 엉터리 교지를 가지고 관군과 민보군에게 처형을 사주한 것은 아닐까 하는 것이다. 그리고 또 하나, 이방언 장군에게는 분통한 죽음 외에도 안타까운 일이 있었다고 한다. 바로 적이 되어 버린 친구의 이야기다.

박맹수   이 지역에서 유명했던 이방언 선생하고 같이 고산 임헌회 선생 문하에서 동문수학한 분이 있습니다. 오남 김한섭이라는 분입니다. 이방언 대접주와 오남 김한섭 선생은 사실 젊었을 때 정통 유학을 함께 공부한 친구 사이인데, 나중에 이방언 대접주는 동학으로 노선을 바꾸고, 김한섭 선생은 친구 이방언을 적대시하는 길을 가게 돼요. 동학농민혁명 당시에 김한섭 선생이 친구인 이방언 대접주에게 "네가 지금 삿된 학문에 빠졌으니, 그 삿된 학문에서 빠져나와라. 그렇지 않으면 너를 공격하겠다."라고 한 「경시적도문(警示賊徒文)」, 즉 「도적의 무리에게 경고하는 글」이라는 경고문이 오남 선생의 문집에 남아 있어요. 어찌 되었든 한 분은 동학으로 가고, 다른 한 분은 동학에 반대되는 길을 가게 됩니다.

경시적도문(警示賊徒文)

너희들이 충효라는 말을 하는 것을 들은 적이 있는데, 충성스럽고 효성스런 사람도 이런 일을 하는가? 이와 같은 것이 정말 보국안민인가? 그러하니 지금 무기를 내려놓고 법사(法司)에 자수하는 일만이 너희들을 구제하는 것이다. 그러나 끝내 마음을 바꾸지 않고 사납게 버티어 감히 대적한다면, 하늘에 있는 조상의 영령이 크게 화를 내어 벌을 내리고 전부 없애어 후손을 남기지 않을 것이다. 너희들 말에, "어찌 한 임금의 백성으로 서로 공격하는가?"라고 하였는데, 아버지가 비록 자식을 사랑하지 않더라도 불효해서는 안 되며, 임금이 비록 백성을 사랑하지 않더라도 불충해서는 안 되는 것이다. 옛사람이 말하기를, "이단과 사설의 피해는 홍수와 맹수보다 심하다."고 했다. 그 폐단이 천 리까지 피가 흐르고 죽은 시체가 백만이 되기에 이르렀다. 고금을 둘러보아 진실로 거짓이 아닌 말이다. 옛날부터 어지럽지 않은 나라가 없었다. 그러나 난이 평정되면 민생은 태연스러워졌다. 삼천 년 예의가 있는 풍속을 전부 없애게 하려는 너희들은, 죽음을 면할 수 없는 반역죄인이다. 내 이름은 김한섭으로 스승과 친구를 따라 읽은 것이 성현의 책이고, 익힌 것도 충효의 도리다. 만약 성인의 도를 지키고 사설을 배척하다가 너희들에게 해를 입는다면 나도 달갑게 여길 것이다. 세상의 사람 중에 한 번 죽지 않는 자가 누가 있겠는가? 자신을 버려 인을 이루는 것을 마음먹은 지가 오래되었다(하략).

동학농민혁명은 단지 평등한 세상에서 사람이 존중받는 사회를 만들고자 한 의거였다. 하지만 기득권 세력의 반발은 결국 외세를 끌어들이는 결

전라도 장흥편/ 여성 동학군과 형제혁장

과를 낳았다. 청나라에 군사를 요청하기 전에, 조선 정부가 백성들의 삶에 조금이라도 희망을 주었다면, 동족끼리 갈기갈기 서로를 찢고 죽이는 일은 없지 않았을까? 부강한 조선이었다면, 일본이 한국을 침략하려는 야욕으로 조선 백성의 민심을 이용하도록 가만히 내버려 두지도 않았을 것이다. 재판에서 당당하게 무죄판결을 받고도 억울하게 죽는 일 따위는 더욱 없었을 것이다. 그럼에도 불구하고 공정한 판결에 의해서 처형을 당할 수밖에 없었던 전봉준 장군의 재판 과정은 이방언 부자의 처형만큼이나 안타까웠다.

박맹수 　전봉준을 재판했던 개화파 관리 중에 '장박'이라는 사람이 있었어요. 지금 대전에 있는 국가기록원에 가면 전봉준 장군 재판의 마지막 판결문이 남아 있어요. 그 판결문 맨 끝에 그 개화파 판사의 서명이 있습니다. 이 장박이라는 분이 전봉준 장군이 죽기 전에 문답을 나눈 내용을 제가 일본에 갔을 때 《도쿄 아사히신문》에서 찾아보았습니다. 장박이라는 분이 전봉준 장군에게 했다는 이야기가 쭉 보도되어 있어요. '우리나라에 국사범 제도가 없어서, 요즘으로 말하면 양심범·정치범을 사면하는 제도가 없어서, 당신을 살릴 수가 없어 안타깝다. 그렇지만 당신이 이 봉기를 해서 민씨 정권의 온갖 부패가 일거에 개혁이 되지 않았느냐?' 역사 교과서에서는 그것을 갑오개혁이라고 하잖아요. '우리나라의 법이 제대로 되어 있지 않아, 당신을 죽일 수밖에 없는 이 상황이 굉장히 안타깝고, 나도 마음이 참 괴롭지만, 당신이 그런 봉기를 해서 이렇게 새로운 세상을 열어 갈 수 있는 개혁을 할 수 있었으니 마음에 품은 한을 풀고 갔으면 좋겠다…'. 그런 내용의 이야기를 장박이라는 분이 했다고 기록이 되어 있습니다. 그 기사를 찾아 읽으면서 가슴이 먹먹했습니다. 왜냐하면 전봉준 장군이 실정법을 어겨서 사형을 언도할 수밖에 없는 상황이지만, 장박이라는 판사도 전봉준 장군이 꾸었던 그 개벽이라는 꿈에 대해서는 공감을 했던 것이잖아요. 그래서 전봉준 장군이 돌아가실 때 외롭지 않으셨겠다 생각했습니다. 결론적으로 말해서 갑오년에 150만 명 인구 중에서 4분의 1일 내지는 3분의 1, 그러니까 150만~250만 정도. 보통 200만~300만이 들고 일어났던 그 바탕에 무엇이 있었느냐! 억눌리고, 탄압받고, 못 먹고 그런 측면도 있었지만, 더 좋은 세상에서 살아 보자는 개벽의 정신, 개벽의 꿈이 있었던 것입니다.

나주목사와 대량학살

— 전라도 나주편

조선 관료 민종렬

　현빈 씨 가족이 이번 주에 찾은 곳은 나주. 나주는 오늘날 '나주배'로 유명한 곳인데 본래 전라도의 '라'가 이곳 나주에서 유래할 만큼 예전에는 전라도 남부의 중심 고을이었다. 이곳에도 나주객사, 금성토평비, 나주초등학교(대량 학살이 이루어졌던 곳) 등 동학농민혁명 사적지가 많다. 동학농민혁명과 나주를 연계할 때, 빼놓을 수 없는 중요한 인물이 민종렬 나주목사다.

　동학농민혁명 당시 민종렬은 동학농민군의 집강소 개설을 불허하고 동학농민군의 나주성 입성을 모두 막아 냈다. 또한 일본군이 동학군을 한반도 서남해안으로 몰아붙이며 남하하여 최종 집결한 곳이 바로 이곳 나주이다.

　박맹수　　전봉준 장군을 이야기할 때, 떼려야 뗄 수 없는 꼭 챙겨야 하

나주 읍성 남고문과 나주시가

는 사람이 나주목사 민종렬입니다. 1894년 음력 3월 20일에 시작되는 1차 기포 때 동학농민군 주력 부대가 무장에서 남하하여 함평에 주둔하면서, 전봉준 장군이 민종렬에게 "우리가 나주로 갈 테니, 문을 열어라."는 일종의 격서를 보냅니다. 그러니까 이 민종렬 목사는 "무슨 말이냐. 지금 너희들이 하는 행동은 법에 맞지 않는 행동인데, 문을 열라고 하는 것은 말도 안 된다. 너희들은 도륙을 해야 한다. 나는 문을 열 수 없다."고 했으며, 그래서 전봉준 장군이 겁을 먹고 나주에 오지 못하고, 진로를 바꿨다는 식으로 기록이 나와요. 그것은 여러 가지로 해석할 수 있는데, 하나는 조금 전에 객사 앞에서 우리가 지도를 봤지만, 지금 봐도 나주성은 요새라고 할 수 있어요. 서쪽은 금성산으로 뒤쪽이 막혀 있어서, 공격을 하려면 남문 쪽으로 와서 공격을 해야 해서 동학농민군에게 지형적으로 불리했어요. 게다가 민종렬이 나주목사로 부임해 오기 전에 담양군수를 했어요. 그러니까 목사로 부임한 것은 상당히 승진했다고 할 수 있지요. 그러니 그 자리를 보전하고자 하는 마음도 아주 강했을 겁니다.

나주는 지금도 그렇지만 그 당시에도 전통에 대한 자부심이 대단한 지역이었습니다. 이 지역은 지역 문화뿐만 아니라, 한국 문화의 큰 뿌리를 이루고 있다는 자부심이 아주 큰 곳입니다. 어떻게 보면, 처음 나주에 부임해 오는 관리들 입장에서는, 이 지역에 전통적인 기반을 두고 있는 분들에게서 호응을 받는 일이 그렇게 쉽지는 않았어요. 겸산 이병수라는 분이 동학농민혁명 당시의 기록을 남긴 『금성정의록(錦城正義錄)』이라는 책을 보면, 나주목사 민종렬은 보기 드문 청백리였던 것으로 보입니다. 부임하자마자 지역의 민심을 얻으려 애를 썼습니다. 예의도 바르고, 여러 가지 세금 걷는 일도 제대로 하고…. 그래서 동학농민혁명 때 지역민과 일치단결해서 방어를 할 수 있었던 것이죠.

전라도 나주편/ 나주목사와 대량 학살

나주 서성문(전라남도 나주시 서내동 118)

당시 나주는 전통을 고수하는 보수적인 뿌리가 깊은 곳이기도 하고, 전라우도 일대와 항구를 관장하는 중요한 곳이었다고 한다. 군사적으로, 경제적으로 조선의 핵심 보급기지로서의 역할을 담당하던 곳이었다. 그러한 나주에서도 흉황으로 농사를 망쳐 조세를 납부하지 못하는 상황이 여러 해 지속되었다. 그러자 1889년부터 1891년까지 3년간 농민들이 민란을 일으켰다. 이 민란에는 무려 서른여덟 개의, 나주 지역 고을 전체가 가담했다고 한다. 나주 관청의 재정 위기가 심각해 재해 복구도 하지 못한 채, 그 피해는 고스란히 백성들에게 돌아갔다. 민종렬 목사는 1893년 계사년 겨울에 나주에 부임했는데, 상부상조를 목적으로 만든 향촌의 자치 규약인 향약을 정비하는 등 선정을 베풀어 갑오년 정월부터 2-3개월 만에 나주목사 민종렬이 나주 관리들과 향리, 그리고 백성들에게 신임을 얻었다는 기록이 『금성정의록』에 소개되어 있다.

나주목사 민종렬에 관한 다른 기록도 존재한다. 조선 유학자 황현의 『오하기문(梧下紀聞)』에 나오는 내용이다.

나주목사 민종렬은 나주의 관군을 지휘하는 이원우 영장과 지방의 아전, 그리고 백성들과 함께 나주성을 지키고자 하였다. 민종렬은 대북 계열로 중전의 친척인 민씨들과는 본관이 달랐으며 단지 성이 민씨일 뿐이었다. 그러나 성이 같다는 이유로 노론 권력층의 민씨들과 친밀하게 지내다가 중전에게 알려지게 되었다. 그의 동생 민종묵은 벼슬자리에 올라 여러 번 요직에 임명되었으며 아들과 조카들도 모두 과거에 급제하였다.

민종렬은 몇 번에 걸쳐 중요한 지역을 맡아 다스렸는데, 나이로 보아 이제 벼슬을 쉬어야 할 때가 되었는데, 계사년 겨울에 남원부사에서 나주목사로 승진하게 되었다. 백성을 다스릴 적에 사람을 잘 부리고 잔꾀를 써서 명분과 실리를 함께 취했기 때문에 백성들은 그를 교활하다고 생각하였다. 나주에 부임한 지 만 한 달이 되었을 때 고부에서 난이 일어났다. 나주와 인접해 있는 군을 모두 방비하느라 옛날의 잔꾀를 부릴 겨를이 없었다.

박맹수   전봉준 장군이 이러한 정황을 파악한 거죠. 나주는 공격해 봐야 득이 없을 것이니 전략적으로 나주를 피했던 겁니다. 피차 상대를 잘 알고 있으니, 민 목사에게 겁을 한 번 주고, 나주를 피해서 장성으로 향합니다. 전봉준 장군도 나주목사 민종렬은 쉽게 범접할 수 없었던 겁니다.

현빈 씨 아이들은 나주목사 민종렬의 이야기가 흥미롭다. 나라에서 녹봉을 받는 관리로서 임금이 맡겨 준 나주 관아를 지켜야 한다는 신념으로 초지일관하는 진정한 지도자의 면모를 아이들도 아는 것이다.

나주객사(전라남도 나주시 과원동 109-5)

민종렬 목사는 큰소리를 쳤지만 나주 수성군이 동학농민군보다 수적으로 열세였기 때문에 확실한 승기를 잡을 수 없다는 것을 간파했다. 그래서 전투가 벌어지면 백전백패하리라는 것을 알고 관군들에게는 피신하여 목숨을 보전하라고 당부했다. 그러자 구실아치와 군교들은 일제히 대답하기를, "사또께서 조정의 명령을 받았다면 우리는 나리에게서 명령을 받았습니다. 직분은 동일한 것입니다. 나리께서 차마 조정을 저버리지 못하시는데, 저희들이 어찌 나리를 저버릴 수 있겠습니까! 또 적은 이미 없는 곳이 없는데, 피한다 한들 어디로 가겠습니까! 나리와 함께 죽지 못한다면 차라리 영산강에 빠져 죽겠습니다."라고 하였다. 이에 민종렬이 감격하여 선언하였다. "감복하도다. 믿음이 이와 같은데 어떻게 헛되이 죽을 수 있으랴. 나주는 성이 높고 둘레에 파놓은 도랑이 깊으며, 무기는 단단하고 날카로워 모든 조건이 다른 군과는 비교할 바가 아니다. 많은 사람들이 있는 힘을 다한다면 어떤 어려움인들 이겨 내지 못하겠는가!" 하였다. 이러한 민종렬 목사의 뚝심에 감동한 관군 그리고 나주 유생과 향리들은 일심 단결하여 민보군을 조직하고 동학농민군과의 결전을 준비했다.

드디어 1894년 7월 5일, 동학농민군 영솔장 최경선과 나주대접주 오권선이 합세하여 나주성의 서문을 공격했다. 그러자 전투를 준비하고 있던 나주목사 민종렬과 나주 수성군이 적극 방어에 나섰고, 순식간에 나주성 서문 일대가 전투장이 되어, 격렬한 교전이 벌어졌다. 250명의 훈련된 포수와 천보총으로 무장한 민보군, 그리고 대완포를 쏘아 대는 나주 관군은 이 전투에서 압승을 거두었다.

민종렬 목사는 수성군이 체포한 동학농민군 영솔장 최경선과 백여 명의 농민군을 감옥에 가두었다. 그러자 한 달이 조금 지난 8월 13일, 전봉준 장군은 부하 십여 명을 대동한 채 김학진의 밀지를 들고 무기도 없이 맨손으로 민종렬 나주목사를 만나러 왔다. "나는 여러 병영의 서류인 문첩과 감사 나리의 밀서를 가지고 왔습니다. 원컨대 문을 열어 주시오. 민종렬 나주목사를 만나고 싶습니다."

성문 앞에서 전봉준이 소리쳤지만 완강한 민종렬은 끝내 전봉준과의 담판을 거부하였다. 나주시에서는 동학농민군과 나주수성군이 공방전을 벌였던 전투 현장인 서성문을 포함하여 나주 객사·정수루·금성산·금성토평비 등을 둘러볼 수 있는 동학 순례길을 조성할 계획이라고 한다. 현빈 씨와 아이들은 금성문 안에 있는 금성토평비(錦城討平碑)에서 세월의 흔적을 느끼며 그 옛날 이 비문을 쓴 이는 누구일까 궁금해진다.

박맹수 '… 나주의 목사 민종렬은 유학을 공부하였는데, 나주에 와서 향약을 인솔하여 백성으로 하여금 위기를 보면 목숨을 바치는 것을 알게 하여 정도를 지지하고 사도를 없애는 것을 의로 삼았다. 충효의 풍속이 쉽게 떨쳐 일어나게 하였고, 선비는 나주에 와서 일을 맡아

성을 지키는 데 다른 마음이 없었다….' 이 금성토평비의 비문은 전라
도에서 아주 유명한 고봉 기대승 선생의 후손인 송사 기우만이라는 분
이 썼습니다. 기우만 선생은 그 집안에서 한말 의병장이 여러 명 나올
정도로 지역 일대에서 존경받는 그런 분이었습니다. 동학농민군 진영
에서도 이 송사 선생의 문중으로 요즘으로 말하자면 밀사를 보내서 좀
도와 달라 했다는 기록이 남아 있어요. 그런데 역시 동학농민군들이
신분제를 반대하고 평등을 주장하기 때문에 양반 입장에서 참여를 거
절했던 것으로 확인이 됩니다. 동학농민군의 봉기에 반대를 표명하고
직접 총칼을 들고 동학농민군을 토벌하는 일에 나서지는 않았지만, 송
사 기우만 선생이 직접 이런 비문을 쓴 겁니다.

나주에 와서, 민종렬이라는 인물을 알게 되어 더욱 의미 있는 현장 답사
가 되었다. 민종렬 목민관은 나라의 관리로서 대단한 충신이었고, 전봉준
장군은 농민의 입장에 서서 투철한 혁명 의지를 갖고 개벽의 꿈을 열망했던
인물이었다. 두 지도자는 관료와 민초의 진영에서 극명히 다른 각자의 삶을
살았다. 현빈 씨는 두 인물의 신념을 두고 굳이 옳고 그름을 논할 필요는 없
다는 생각이 들었다. 쇼펜하우어는 "신념은 연애와 같은 것이어서 강요할 수
없는 것이다."라고 말했다. 서로가 믿는 신념으로 치국평천하를 실현하고자
했던 갑오년의 위대한 리더들에게 현빈 씨 가족은 존경의 박수를 보낸다.

최초의 제노사이드

나주 객사 앞에 와 있는 현빈 씨 가족. 나주 객사의 다른 이름은 금성관이다. 단단하고 반듯한 건물의 형태가 청백리였던 나주목사 민종렬의 인품을 닮은 듯하다. 앞면 다섯 칸, 옆면 네 칸 규모의 객사 안은 넓은 마루청으로 되어 있는데, 일제강점기에 내부를 고쳐 일본 청사로 사용했다고 한다. 지금은 현빈 씨 가족처럼 관광객들이 찾는 한적하고 고즈넉한 장소로 바뀌어 있다. 나주 객사는 동학농민혁명과도 관련이 깊지만 명성황후 시해사건 이후, 황후의 관을 모시고 항일 정신을 드높였던 곳이기도 하다. 그래서일까? 주심포 양식으로 지어진 객사의 천장은 지붕 처마를 떠받치는 기둥머리 때문인지 위엄이 느껴진다.

1894년 갑오년의 나주 객사는 분명 지금과는 다른 위엄으로 백성들의 기를 눌렀을 것이다. 일본군 후비보병 제19대대가 주둔하면서 동학농민군들을 잡아서 잔인하게 고문하며 취조하고 살해했던 공포의 장소로 이용되던 곳이었으니 말이다.

박맹수 우리는 천년 고도 나주시의 나주 객사 앞에 와 있습니다. 객사 조선 시대의 중앙 관리들이 오면 머물렀던 곳인데, 암행어사라든지, 전라감영의 관찰사 같은 분들이 오시면 머무르는 숙소로 쓰이고, 나주목사가 매월 초하루와 보름에 서울의 왕이 계신 곳을 향해 예를 올리던 곳입니다. 보시다시피 1872년에 그린 지도가 안내판에 새겨져 있습니다. 이 지도를 보면, 우리가 지금 객사 정문 앞에 와 있다는 것을 알 수 있어요. 보시다시피 당시 건물이 보존되어 있습니다. 이 건물을 금성관이라고 합니다. 우리가 나주 지역 동학농민혁명 역사를 공부하기 위해서 객사 앞에 온 이유는, 여기가 동학농민혁명 때 동학농민군을 가장 처절하게 학살했던 비극의 장소이기 때문입니다. 금성관은 일본군 후비보병 제19대대가 갑오년 음력 10월에 나주에 내려와 음력 12월 중순경까지 주둔했던 곳입니다. 그들은 자기네 말로는 진압이라고 했지만, 사실은 학살을 전담한 부대였습니다. 최근까지 20년 동안 저를 포함하여 한국의 동학 연구자들과 일본의 동학 연구자들이 동학농민군 학살을 맡았던 일본군 후비보병 대대장을 추적했어요. 그 후손이 살아 있는지, 또 관련 기록은 남아 있는지, 그 당시에 데리고 다녔던 병사들이 남긴 기록을 후손들이 가지고 있는 것은 없는지를 20년 동안 추적한 결과, 제19대대장 미나미 고시로, 계급은 소좌입니다, 그 미나미 고시로가 압수해 간 동학농민혁명 문서를 전부 찾아냈어요. 그가 후손에게 물려준 군용 궤짝 한 개도 찾아냈고, 또 미나미가 지휘했던 후비보병 부대의 일본군 병사 구스노키 상등병이 남긴 일지를 찾아냈습니다. 미나미 대대장이 압수해 갔던 문서와 구스노키 상등병이 남긴 일기에 따르면, 이 나주성 금성관에 머물고 있던 일본군 후비보병 제19대대는 거의 매일같이 잡혀오는 동학농민군을 매일 아침 9명 내지 10명을 학살했고, 그 숫자가 400명이 넘었다고 합니다. 여기 보시는 나주성 남문이 복원되어 있는데 남문 왼쪽으로 400미터쯤 가면 현재 나주초등학교가 자리 잡고 있는 거기에 학살한 농민군의 시신을 버렸다는 기록이 남아 있습니다. 그 기간이 갑오년 음력 12월부터 을미년 1월까지 약 한 달간이었는데, "몇 백 구의 시신에서 흘러나온 사람 기름이 하얗게 얼어붙었다."라고 구스노키 상등병의 일기에 그 처참한 광경이 기록되어 있습니다. 그래서 동학혁명을 기억하고 왜 그 큰 희생이 일어날 수밖에 없었는가를 가슴에 새기기 위해서는, 반드시 이 나주 객사(금성관)를 답사해야 한다고 생각했습니다.

전해 오는 이야기에 의하면 "동학농민군은 칼에 피를 묻히지 않고 이기는 것을 으뜸으로 여기고, 어쩔 수 없이 싸우더라도 사람 목숨만은 해치지 않으며, 행진하면서 지나갈 때는 절대 민폐를 끼치지 않고, 효도하고 국가에 충성하고 이웃과 화목하고 존경받는 학자가 있는 동네, 그러니까 효제충신이 사는 동네 십 리 안에는 주둔하지 않는다."는 행동강령을 선포해서 실천했습니다. 제가 지금까지 30년 정도 동학농민혁명을 연구했는데, 전라도의 경우 동학농민군이 송사 선생의 집안과 고봉 기우봉 선생의 집안은 손끝 하나, 털끝 하나 건드리지 않았다는 것을 후손에게 확인했어요. 어떻게 확인했느냐? 100주년 때, 전라북도에서 기념사업회를 만들 때, 전북대학교에 계시는 김기현 교수님과 같이 모임을 만들었는데, 나중에 서로 이야기하다 보니까, 김기현 교수님이 장성 기씨 집안으로 장가를 간, 그러니까 사위 분이었습니다. 그래서 당신이 가지고 있던 송사 선생의 자료와 기삼연 의병장 자료 등을 저한테 주면서 자신이 직접 들은 이야기를 해 주셨습니다. "우리 기씨 집안은 동학군이 와서 손끝 하나 건드리지 않았다."고. 이 이야기는 조금 전에 제가 말씀 드린, "효제충신이 사는 사람들의 동네 십 리 안에 들어가지 않는다."는 것을 실천했다는 바로 그 이야기입니다.

탐관오리들의 가렴주구 행위를 척결하고자 일어난 농민들은 스스로 엄격한 군율을 지켰다. 그러나 일본군 후비보병 제19대대의 피도 눈물도 없는 대대적인 섬멸 작전에 그 기세가 꺾이고 만 것이다.

현빈 씨 부부를 경악케 한 것은 당시 이 나주 일대에 동학농민군들의 시체로 넘쳐 났다는 것. 한때 자신들의 총칼에 피를 묻히기보다 조선 관군이나 민보군이 앞장서서 동학농민군을 학살토록 하던 태도마저 벗어버리고 무자비한 학살로 동학군 씨 말리기에 나선 것이다. 얼마나 희생이 컸던지 사람의 기름으로 덮여 엉긴 모습이 마치 눈이 하얗게 쌓인 눈밭을 연상하게 할 만큼 참혹한 지옥의 모습이었다고 한다. '진압'을 빙자한 '집단 학살'이 명

백했다. 모든 진실은 세상에 드러나기 마련이라고 했던가! 일본군 후비보병 제19대대 구스노키 상등병. 그가 쓴 '진중일기'의 내용을 들으며 현빈 씨 부부는 한 번 더 경악을 금치 못했다.

나는 한밤에 소집 영장을 받았다. 바로 다음 날 아침에 집을 떠나 마쓰야마시의 후비 제19대대로 집합했다. 이어 시모노세키의 히코시마 수비대로 배치되었다가, '동학당 정토' 대대로 편입되어 조선에 건너갔다. 나는 곧바로 후비 제19대대 제1중대 제2소대 제2분대로 배치되었다. 충청도와 전라도에서 전개된 동학농민군 섬멸 작전에 투입된 것이다. 우리 부대는 산허리를 올라 산 정상에 진을 치고 있었는데 이때 동학농민군이 우리 부대를 공격했다. 산 정상에서 내려다본 동학농민군들은 마치 쌓여 있는 눈과 같았고 그들의 함성은 대지를 진동시켰다. 내가 소속된 제2분대와 제1분대가 합동해서 실시한 섬멸 작전에서 우리 부대는 서남 방면으로 추격해서 농민군들을 사살했다. 사살이 48명, 부상한 생포자는 10명이었다. 해가 져서 양 부대가 함께 개선했다. 숙소에 돌아와 생포자들은 고문한 다음 불태워 죽였다.

1월 31일에 남은 동학당 7명을 잡아와 그들을 성 밖의 밭 가운데에 일렬로 세우고 총에 검을 장착하여 모리타 일등군조의 호령에 따라 일제히 동작해서 그들을 찔러 죽였다. 그 광경을 구경하도록 동원한 조선 사람 및 통위영 병사들이 몹시 경악했다. 한 번은 나주에 도착하니 나주성의 남문에서 400미터 떨어진 곳에 작

은 산이 있는데, 그곳에 사람들의 시체가 쌓여 산을 이루고 있었다. 그들은 민병 (반농민군) 혹은 우리 부대에게 포획되어 고문당한 뒤에 중죄인으로 죽임 당한 사람들인데, 죽인 숫자가 매일 12명 이상, 103명을 넘어섰다.

박맹수   여기는 지금 백 년의 역사를 자랑하는 나주초등학교 운동장 앞입니다. 여기는 동학농민혁명 당시의 지도에 의하면 조금 전에 우리가 지나왔던 나주성 남문으로부터 100여 미터 떨어진 곳인데, 123년 전에 동학농민군들이 처형당했던 장소입니다. 요즘으로 말하면 도경찰국 같은 나주 진영이 있었던 곳입니다. 나중에 구스노키 상등병이 쓴 기록에 구체적으로 동학농민군 처형 기록이 나오는데, 남문으로부터 약 400미터 지점에 처형시킨 동학농민군 시신을 가져다 버려서 그 시신의 수가 한 600구 정도 되는데, 400정의 거리로 표시가 되어 있습니다. 400-500미터 거리로 계산이 나오고, 확인해 본 결과 결과 오른쪽에 보이는 부영아파트 부근입니다. 천도교인이기도 한 이광호 시인이 있습니다. 이광호 시인이 바로 이곳 출신입니다. 어렸을 때 지금은 부영아파트가 들어선 곳 바로 옆에 연못이 있었는데, 한많은 시신이 떠도는 곳이니까 그 옆에 가지 말라는 말을 무수히 듣고 자랐다고 합니다. 시인이 되어 그 아픔을 노래했는데, 그 후 자신이 천교도인이 되고 구스노키 상등병의 일기 이야기를 듣고 보니까, 한많은 사람들이 묻혔다

전라도 나주편/ 나주목사와 대량 학살

는 곳과 동학농민군들의 시신을 내다 버린 장소가 거의 일치한다는 겁니다. 당시 향토사 자료하고, 구스노키 일기하고, 이광호 시인이 어렸을 때 들었던 증언 등을 비교해 보면, 시신이 600구 정도 버려져 있었는데, 거기서 흘러내린 사람의 기름이 하얗게 엉겨 눈이 내린 것처럼 보였다고 합니다. 처참한 광경이었지요. 그것을 방증하는 자료가 있습니다. 전라북도 부안 지역 동학대접주 김낙철이라는 분이 있었는데, 그가 동학농민혁명 때 체포되어 끌려온 곳이 나주였어요. 그분이 가까스로 살아남아서 나중에 자서전을 썼는데, 나주 진영 안에 갇혀서 날마다 쇠채찍으로 고문당하는 광경을 자서전에 기록해 놨습니다. 그것과 구스노키 상등병의 일기가 일치합니다. 이곳은 전라남도 쪽으로 체포되어 왔던 동학농민군들이 가장 많이 희생당했던 역사적 장소입니다. 4-5년 전에 그것을 확인하고 지금 저희들은 일본의 양심 있는 지식인들·시민운동가들과 같이 과거 가해자의 잘못을 피해자들과 함께 직시함으로써 가해와 피해를 뛰어넘는 평화와 공존의 미래를 열어 가려고 노력하고 있습니다. 그 일환으로 일본의 양심적인 분들하고 동학농민군의 격전지를 찾아가는 일을 계속해 오고 있습니다.

그래서 3년 전에 그 현장을 확인하고 간단한 위령제를 올렸는데, 모든 사람들이 깜짝 놀라는 작은 사건이 일어났습니다. 저희들이 술을 따르고 절을 하고 그다음에 동학농민군들이 외웠다는 주문 '시천주 조화정

영세불망 만사지'를 같이 독송하는데 아무 바람이 없던 이 운동장에 갑자기 광풍이 몰아쳐 오는 거예요. 그래서 앞에 차려 놓은 간단한 음식들이 날아가지 않도록 애쓰고 있는데, 그 위령제가 딱 끝나는 순간, 그 광풍이 사라졌어요. 그때 그곳에 계셨던 분들은 그 일을 굉장히 신비한 사건으로 기억하고 있습니다. 그건 아마 100년 동안 한을 품고 떠돌던 동학농민군들이 가해자와 피해자들이 함께 올린 그 위령제에 "우리 이렇게 왔습니다." 하고 감응을 표시한 것이 아니었을까 하는 것이 저를 포함한 그날 그곳에 참석하셨던 분들의 생각입니다. 또한 다행스럽게도 당시에 나주초교 교장 선생님도 참여를 하셔서 "이곳의 역사를 후세를 위해 향토사로 만들어 가겠다."고 하셨습니다.

이렇게 동학농민군의 역사가 조금씩 밝혀져 진실이 드러나고, 그 뜻을 새기는 시민 차원의 움직임이 확산되고 있다는 것은 참으로 희망적인 사건입니다.

사람이 하늘이다

전라도 나주편/ 나주목사와 대량 학살

이노우에 교수님도 가시죠.

네..

이노우에 교수님, 먼저 하시겠습니까?

아닙니다. 나중에 하겠습니다.

향토 분들이 먼저 하세요.

그럼 -

교장인 제가 먼저 원혼들께 술 한 잔 올리겠습니다.

아무것도 모르고 지금껏 몰라봤으니 깊이 사죄하는 마음으로 제가 먼저 하겠습니다.

술잔 올리는 날
바람 한 점 없이
맑은 하늘을 주신 게 아마도
원혼들께서 그간의 원한을 털어
버리신게 아닌가 합니다.

이학승 대관과 황룡전투

— 전라도 장성편

군신의 절개

전남 장성군 황룡면 '동학혁명승전기념공원'에 도착한 현빈 씨 가족. 가장 먼저 들른 곳에는 고색창연한 비가 보이고 비문 안내 표지판에는 '이학승 순의비'라고 적혀 있다.

박맹수   여기는 행정구역으로는 장성군 황룡면 신호리 356번지입니다. 바로 앞에, '증좌승지이공학승순의비'라는 비석이 보입니다. 동학농민군을 기습했던 중앙 정부군의 대장 이학승 대관이 바로 이 자리에서 전사했습니다. 이학승 대관의 전사를 추모하는 뜻에서 동학혁명이 끝난 지 3년 만인 1897년에 면암 최익현 선생이 지은 비문을 돌에 새겨서 순의비를 세웠습니다. 그런데 그 후 제대로 돌보지 않아서 제가

1980년대에 답사를 와 보니 쓰러져 있었어요. 그것을 동학농민혁명 100주년 기념사업을 하면서 저쪽에 보이는 전승기념탑을 세울 때 이학승 대관 순의비도 다시 일으켜 세워서 이렇게 정비했습니다. 그 일부를 읽어 보겠습니다.

"성현들께서는 사람에게는 지켜야 할 다섯 가지의 떳떳한 도리가 있다고 하셨다. 그중에서 군신

이학승 순의비

이 가장 중요하다. 그러므로 선비가 가져야 할 백가지 행실 중에 충효를 우선으로 해야 하는데, 이는 목숨을 바쳐야 비로소 그 본분이 증명될 수 있는 것이라고 말했다. 진실로 평소에 신의를 분별하여 마음속에서 의리를 분명히 기른 자가 아니라면 갑자기 위급할 때에 그 충효를 잃어버린다. 그리하면 생명은 보전하겠지만, 죽음보다 더 참혹하게 된 자가 많다. 그러나 이학승 대관은 효를 충으로 옮겨서 늘 강개한 뜻을 품고 있다가 나라가 많이 어려운 때를 만나 끝내 날카로운 칼

을 맞았고, 그 머리를 잃었으나 후회하지 않았다. 세찬 바람에 굳센 풀이나, 추운 겨울에 소나무라고 하는 것은 이학승 대관을 제외하고 누가 있겠는가? 높은 하늘에서 땅 아래까지 해와 달이 비추는데, 천 년이 지나도 없어지지 않을 것은 이학승 대관의 순절일 것이다….”

이학승, 그는 황룡전투에서 농민군에게 패해 죽음을 맞이한 경군 대장이었다. 짧지만 젊은 한때, 군인의 신분으로 살아야 했던 경험 때문이었을까…. 현빈 씨는 초라한 조선 군관의 순의비 앞에서 남다른 감정으로 숙연해진다. 옆에 있는 동학농민군승전기념탑과는 사뭇 다른 풍경 때문이기도 하다. 같은 장소에 세워져 있지만 안내 표지판이 없으면 무심코 스쳐 지나칠 수 있는 썰렁한 그곳에 조선 무관의 순의비가 있는 것이다. 하지만 당당하게 죽음을 맞이했던 이학승 경군 대장의 죽음을 증언하며 순의비는 동학혁명승전기념공원 한편을 진득하게 지키고 있다. 그래서 더 현빈 씨의 마음이 애틋하다. 명령에 따라 죽고 사는 것이 군인의 삶이기에 더욱 그렇다.

박맹수   이학승 대관은 어찌 됐든, 동학농민군을 진압하기 위해서 국가의 명령을 받고 일해 왔잖아요. 이학승의 입장에서 보면, 국가를 위해서 충을 다한 사람이죠. 동학농민군과 대립했다는 관점보다는 국가의 명령을 충실히 따르려고 충의를 다했다는 면에서 자기 직분을 다

황룡강

했다고 볼 수 있는 거지요. 그런 면에서 우리가 이학승 대관의 죽음을 인정할 필요가 있지 않겠나 하는 생각이 듭니다. 나라에 큰 문제가 있어 그 문제를 해결하기 위해서 국가의 부름을 받았거나 명령을 받았을 때 충실히 이행하는 자세는, 지금 우리에게도 필요한 자세가 아닌가 생각합니다. 그 시기에 가장 대표적인 지식인 중 한 분이셨던 최익현 선생이 이학승의 비문을 쓰셨던 건, 바로 이학승이야말로 충을 다한 전형적인 인물이라 평가했기 때문일 겁니다. 이 돌에 새겨진 비문은 여기에만 있는 게 아니라, 면암 최익현 선생의 문집에도 그 원문이 수록되어 있고, 이제 다 번역되어 있기 때문에 관심 있는 분들은 누구나 다 쉽게 내용을 읽을 수 있습니다.

이학승 대관은 근대식 무기를 갖고도 병력에서 중과부적인 데다가 동학농민군의 기민한 역공에 휘말려 패전할 수밖에 없었다. 당시 동학농민군들의 무기는 죽창과 몇 자루의 화승총이 전부였다고 한다. 그렇기에 이학승 대관이 오합지졸의 농민군 전력을 과소평가하고 경솔히 달려든 측면도 있다. 학익진의 전술을 펴면서, 닭장을 개조한 '장태'에 몸을 숨기며, 이학승 대관의 군병을 향해 약진해 오는 동학농민군들의 기세에 이학승 부대의 대열은 순식간에 무너졌다. 탐관오리들의 횡포에 참다 못해 죽창을 들 수밖에 없었기에, 사생결단의 심정으로 달려드는 동학농민군들의 기세에 지레 겁을 먹은 것이다. 동학농민군들은 황룡전투를 승리로 이끌자 기세가 올라 곧바로 전주성 점령에 나서게 된다.

승자가 있다면 패자가 있는 것이 싸움의 세계. 현빈 씨는 비록 이학승 대관이 황룡전투에서 졌지만, 진실로 진 것은 아니라는 생각이 든다. 만여 명대 270명. 전쟁에서 정당함이란 존재하지 않지만, 어쨌거나 수적 불리함을 훤히 알고도, 이학승 대관은 피하지 않았다. 현빈 씨는 이 점은 기억되어야

장성 황룡전적기념비(전라남도 장성군 황룡면 내황길 50-8)

전라도 장성편/ 이학승 대관과 황룡전투

한다고 생각한다. 아마도 이학승 대관의 비문을 쓴 면암 최익현 선생도 현빈 씨의 마음과 같았으리라.

장태를 넘어서

박맹수   잘 아시다시피 동학농민군은 말이 혁명군이지 사실은 농민인 겁니다. 이 사람들은 전쟁이나 전투를 하기 위해서 모였다기보다 "우리도 사람이다." "우리도 사람답게 살고 싶다."는 그런 요구를 국가에 전달하기 위해서 일어났던 것입니다. 동학농민군의 무기는 농기구, 죽창, 화승총 등 근대적 의미에서 무기라고 볼 수 없는 자위 차원의 최소한의 무기였습니다. 거기에 비해 경군은 당시 주력 무기였던 천보총을 사용했습니다. 농민의 죽창과 경군의 천보총을 성능으로 비교해 본다면 1:100 정도라고 볼 수 있습니다. 그런데 왜 이학승 대관이 패배하고 전사할 수밖에 없었을까? 동학농민군은 규모가 만 명 정도이고, 이학승 대관이 이끌던 병력은 불과 270명 정도밖에 안되니까, 인해전술에 밀려서 후퇴하다가 결국은 밀려드는 동학군하고 육박전을 벌이면서 방어하다가 전사한 것입니다. 연암 선생의 문집에 실린 〈충무비문〉을 보면, 그렇게 후퇴하는 도중에 전사한 것으로 기록되어 있습니다.

현빈 씨 가족은 황룡전투가 벌어졌던 장소에 와 있다. 황룡면 면사무소 앞이다. 옆에는 사랑과 평화를 기원하는 교회도 있다. 정확한 주소는 황룡면 월평리다. 122년 전 음력 4월 23일, 이 면사무소가 있는 지역을 중심으로 한양에서 내려온 최정예 관군과 동학농민군들이 일대 격전을 펼쳤다. 당시에는 이 면사무소 일대가 월평 장터였다고 한다. 지금도 오일장이 열린다. 오랜 세월 속에서도 장터의 명맥을 유지하고 있지만 과거와 현재가 서로 다른 역사의 얼굴을 하고 있다. 현빈 씨가 알고 있는 교과서 속 지식은 이렇다. 동학농민군이 한양에서 파견된 중앙군(경군)을 맞아 승리한 첫 전승지. 이학승 대관의 전사로 조선 정부군의 사기는 크게 떨어졌고, 기세가 오른 데다 경군으로부터 양총까지 획득한 동학농민군은 전주성까지 점령할 수 있는 물심양면의 전력을 확보하였다.

한 가지 현빈 씨가 몰랐던 건 이 황룡전투에서 동학농민군들이 발명해 그 덕을 톡톡히 본 동학군의 신무기가 있었다는 사실이다. 장흥 출신의 동학농민군 대장 이방언 접주가 고안했다는 설이 유력한 이 무기의 이름은 '장태'다. 현빈 씨 아이들이 묻는다. "장태가 뭐예요?" 현빈 씨는 아이들이 이해하기 쉽게 장태 이야기를 해 준다. "원래 장태는 닭장으로 사용하던 축사 같은 것이었단다. 소를 키우는 외양간이나 돼지우리에는 굵은 목재를 사용했지만, 장태는 대나무를 엮었기 때문에 여름에 많이들 사용하는 죽부인 같은 모양을 하고 있지. 장태는 배가 불룩한 원통형으로 되어 있는데 그 일부에 문을 만들어 닭들이 드나들며 알도 품고 잠도 자고 하는 거야. 예전 시골에서 흔히 볼 수 있었어. 그런데 1894년 4월에 황룡강에서 전투가 있었거든. 관군한테는 외국에서 들여온 강력한 대포나 신식 총이 있었지만, 농민들한테는 농기구 외에는 무기가 없었어. 그래서 처음에는 압도적으로 많은 병력에도 불구하고 싸움에 불리할 수밖에 없었단다…."

박맹수   당시 동학농민군은 월평 장터 여기저기에 흩어져 점심을 먹고 있다가 경군의 기습 공격을 받았습니다. 몇 방의 대포 공격에 순식간에 4,50명이 쓰러지고 2만여 명의 동학농민군이 크게 놀라 혼비백산했지만 곧 대규모로 역공을 펼치게 되죠. 그러니까 270명 대 만여 명은 승부가 될 수가 없으니까, 결국은 이학승 대관이 이끌던 경군은 여기서 1킬로미터 남짓 떨어진 신호리로 후퇴합니다. 그 당시 동학농민군은 민간에 전승되던 지혜로 자신들의 목숨을 지키는 무기를 하나 만들었어요. '장태'라고 하는 것인데, 대나무로 만들었어요. 장태 안에다가 볏짚을 이렇게 잔뜩 집어넣어서 그것을 굴리는데, 총탄이 대나무에 스치면 튀잖아요. 그러니 총탄을 막아 주는 기능을 한 거지요. 그래서 장태 뒤에 숨어 장태를 굴리면서 진격을 해서 결국에는 경군이 무너지게 되죠. 또한 지휘관이었던 이학승 대관이 전사하고, 대부분의 경군이 도망을 쳐 버리죠. 1894년 동학농민군이 황룡강을 사이에 두고 싸운 이 전

장성 황룡전적기념비(전라남도 장성군 황룡면 내황길 50-8)

투는 두 가지 면에서 큰 의의가 있습니다. 첫 번째로는 중앙 정부군을 상대해서 승리를 거두었다는 것입니다. 중앙 정부군은 당시로서는 최고의 정예군인데, 비록 소규모의 부대였지만 이들과 싸워서 승리했다는 점에서 농민군의 사기나 민중의 기대가 폭발적으로 증가하는 계기가 되었습니다. 두 번째는 민중의 삶의 지혜를 모아 만들어 낸 '장태'를 보완해서 승리했다는 점도 상당히 의미가 있습니다. 전라도 지역을 조사를 해 보면, 그 장태를 우리 지역의 접주, 우리 지역의 동학농민군 지도자가 만들었다고 여기저기서 이야기들을 합니다. 그래서 함평접주가 만들었다는 이야기가 있고, 장성 지역의 접주가 만들었다는 이야기도 있고, 또 나주 출신의 접주가 만들었다는 설도 있습니다. 그 정도로 '장태'라는 민간 무기가 큰 주목을 끌었다는 것이지요.

이방언 장군이 창안했다는 설이 오랫동안 전해졌지만 애석하게도 장태를 처음 만든 사람에 대한 확실한 사료는 없다고 한다. 다만 여러 사료에 '이장태'라는 기록이 있다고 한다. 예를 들면, 양호선봉장 이규태가 정보를 보고한 기록, 「순무사정보첩」에서 거괴 이장태를 거명하며, 장태를 언급한 내용이 그것이다. 이를 두고 동학 연구자들의 의견이 갈리고 있지만, 대부분은 다음과 같은 해석에 동의한다고 한다. 한 연구자의 증언을 인용한다.

전라도 장성편/ 이학승 대관과 황룡전투

이장태의 장태는 별명인 것 같아요. 농민군이 전술 무기로 장태를 만들었는데, 이를 처음 만든 사람은 장흥의 접주 이방언이라고 말하기도 하고 장성 출신의 이춘영이라고도 하는데, 장성에서 최초로 사용했어요. 황룡 전투에서죠. 이방언·이춘영 이 두 지도자의 별명이 '장태'였던 것만은 확실합니다. 다만, 누가 '장태'를 최초로 발명했는지는 불확실하고요. 담양에서 잡혔다고 기록된 이장태는 이춘영으로 보고 있습니다.

하지만 사료가 아닌 일반 자료로 작가 오지영 씨가 쓴 회고록 형식의 소설 『동학사』에 이런 내용의 글이 실려 있다.

청죽(靑竹)으로 얽어, 닭의 장태와 같이 만들어 밑에 차바퀴를 붙인 것이며, 그 속에는 군사가 앉아 총질을 하게 된 것이니 이 장태를 만든 사람이 장흥접주 이방언이기 때문에 그의 별호를 이장태라고 불렀다.

장태가 동학농민군의 승리에 결정적인 도움을 준 무기이다 보니, 각 지역에서 동시다발적으로 터진 동학군의 전투 때마다 등장하며 이곳저곳에서 장태를 만들었다는 주인공이 여럿 나타난 것일 수도 있으리라. 이것을 뒤집어 생각하면, '사람이 하늘이 되는 세상'을 만들고자 했던 당시의 뜨거웠던 열망이 수많은 장태를 탄생시켰다는 말이 된다. 다시 말해, 수많은 장

전라도 장성편/ 이학승 대관과 황룡전투

태장군들이 존재했다는 것이다. 그들이 없었다면, 전주성 점령은 없는 역사가 됐을 테고, 잠시나마 집강소를 통해서 이뤘던 농민 자치는 꿈에서조차 만나지 못했으리라.

집강소는 농민 자치기구다. 집강의 의미는 기강 또는 그것을 바로세우는 업무를 담당하는 사람인데, 기율을 잡고 새 시대를 열겠다는 의지였으니, 한마디로 아래로부터의 개혁을 추진하는 기관이었다. 그러니 기득권 세력의 반발은 불 보듯 뻔한 일. 하지만 관산 장군, 장태장군으로 농민들의 지도자으로 거듭난 이방언 대장은 그가 태어나고 자란 묵촌 일대를 중심으로 집강소를 설치하고 막강한 영향력을 발휘하며 지역의 폐정들을 개혁하고자 했다. 이방언 대장의 노력으로 후천개벽이 실현되니 농민들은 기뻐서 "여차여차 우여차." 이렇게 노래가 절로 나왔다고 한다. 노비와 천인들은 제도적인 해방을 쟁취한 마당에 향촌에서 실제적인 권리를 누리기 위해 투쟁에 나선 것이다. 노비와 천인들은 이 소식을 뒤늦게 들었다. 그리하여 상전이나 양반에 맞서 이를 현실적으로 확인하기 위해 투쟁에 나섰고, 집강소는 이를 실현시키는 좋은 매개가 되었다. 하층민 중심의 농민혁명 참여 세력이 벼슬아치와 양반·토호·서리들을 징계하여 다스리자, 양반·토호·서리들은 기회주의적 속성을 드러냈다.

사실 많은 역사 사료에서 홍계훈 초토사를 비롯해 전라감사 김문현·장흥부사 박헌양·이학승 대관 등 많은 한양과 지방의 관리들은 동학농민군을 오합지졸로 인식하고 있었음을 알 수 있다. 동학농민군들 역시 처음부터 관군과 대적하겠다는 결심을 한 건 아니었다.

현빈 씨는 조용욱 작가의 책에서 읽은 대목이 떠올랐다.

장성 황룡전투는 농민군이 정규군인 경군, 즉 왕이 파견한 군대를 이겨 냈다는 사실만으로도 농민군들의 의식을 획기적으로 전환시킨 계기가 됐다. 농민군이 처음 일어났을 때는 관군과 드러내 놓고 대적할 형편이 못 되었다. 경군이 장성에 이르기 직전 함평에 머물 때만 해도 말이다. "당신들 군대는 우리 주상(主上)의 명을 받고 내려온 사람들이므로 우리 같은 빈관(貧官)들의 병대(兵隊)와 달라 결코 저항할 수 없습니다."라고 말한 것은 농민군(전봉준)이었다. 즉 경군을 공격한다는 것은 곧 왕을 공격하는 것과 다를 바 없다고 생각한 것이었다. 그러나 황룡전투 이후 농민군의 의식과 사기는 왕사(王師, 임금이 거느리는 군사)를 가볍게 여기는 마음이 생겨나게 했고, 멀리 달려서 전주성에 이를 정도로 성장을 이루었다.

전주성 점령, 전주화약, 청사에 빛나는 동학농민혁명. 이 모든 역사의 이름들이 시작된 곳이 최초로 관군을 물리치는 승선시 황토현 선투와 더불어 최초로 중앙 정부군을 격파하는 이곳 장성 황룡전투라는 또 하나의 소중한 사실을 확인하고 현빈 씨와 가족들은 집으로 가는 차에 올랐다.

전라도 장성편/ 이학승 대관과 황룡전투

그게 동학군의 한곕니다. 배우질 못했으니까요.

오...

바로 보셨습니다, 김개남 장군.

군인의 사명은 명령에 죽고 명령에 살아야 하거늘, 농민들은 그리하지 못하지요.

해서... 이방언 장군님을 찾은 것 아닙니까! 어떤 작전이 좋겠습니까?

우선...

월평리 세 봉우리에서 학익진을 치는 겁니다.

척!

동학군들을 셋으로 나눠 세 봉우리 아래에 있는 경군들을 향해 돌격을 시도 하는 거지요.

그리고 또 한 가지, 황룡강을 이용합시다.

음..

사람이 하늘이다

엄청난 대군은 병법에서 가장 큰 무기가 확실합니다.

바글 바글

허나, 우린 군사훈련을 받지 않은 농민들인지라 기세등등하다 해도

한편에서 겁보따리들을 쥐고 있는 일반 평민들이라는걸 잊지 말아야 합니다.

어떨 때 보면, 남자들이 더 겁보예요.

내가 대신 남자 해 주고 싶다니까요.

엄소사 접장 말마따나 가끔 속이 확 뒤집힌다니까요.

한 번 대열이 흐트러지면, 다시 모으기가 하늘의 별 따기요.

명령조차도, 뉘 집 개가 짖나 하면서 불통일 때가 허다하지요.

황룡강을 이용하자는 생각은 찬성입니다.

아무래도 이학승 경군은 이쪽 지형에 대해서 무지할 테니,

우리가 황룡강 쪽으로 유인하면, 분명 화차를 끌고 그리로 올 것입니다.

그렇지요. 황룡강 앞에서 대포를 쏴 봐야 사정거리가 짧아

쉽사리 동학군들을 몰살시키지 못할겁니다.

동학군들이 대포를 피해 경군들을 덮치면 -

살고자 하는 경군들은 여기 이리로,

신호리 언덕바지 쪽으로 도망들을 칠 것이고…

그리되면 죽창과 검을 쓰는 동학군들이

경군들을 상대로 육박전을 벌여 전멸시킬 공산이 크겠습니다.

전라도 장성편/ 이학승 대관과 황룡전투

제노사이드와 집단 매장지

— 전라도 진도편

넋이 되어도 일어서리라

    다음은 진도 출신 동학농민군 지도자 유골이 1995년 일본에서 발견될 당시 일본의 방송 보도 내용이다.

    일본 홋카이도 대학 문학부 연구실에서 100여 년 전 인골이 발견됐습니다. 이 대학 문학부 교수가 학생들과 함께 연구실 표본 창고를 정리하던 중 종이 상자 안에 신문지로 싼 인골 여섯 구가 들어 있는 걸 발견했는데요, 이중 한 개의 두개골에는 붓글씨로 '조선 동학당 수괴의 수급'이라는 문구가 적혀 있었습니다. 이 종이 상자는 홋카이도 대학에서 퇴임한 교수가 남긴 것으로 밝혀졌는데요, 홋카이도 대학은 식민지학 연구가 활발하게 수행돼 온 대학이기도 합니다. 대학 측은 즉시 '인골 문제 조사위원회'를 설치하고, 두개골이 그곳에 있게 된 정황 등에 대해 조사에 착수했습니다. 이 사건과 관련해 한국 측 조사위원을 모시고 지금까지의 조사 내용을 들어보겠습니다.

"여섯 구의 인골은 홋카이도 대학 문학부 교수가 학생들과 함께 표본 창고를 정리하다 인골이 든 상자를 발견하고 일본 《마이니치 신문》을 비롯한 여러 언론에 공개한 겁니다. 100년 전의 인골이 대학 연구소 창고에 방치되어 있던 것도 사건이지만, 더 놀라운 일은 이번에 발견된 인골의 두개골에 '조선 동학당 수괴의 수급'이라는 문구가 씌어 있던 건데요, 한국인의 유골이 일본의 한 대학 연구실 창고에 방치돼 있었다는 사실은 그 경위를 면밀히 파악해 규명해야 하는 심각한 문제죠. 두개골에 적힌 '수급'이란 단어는, '머리를 베어서 얻음'이란 의미입니다. 여러 정황으로 보아, 저희는 1894년 동학농민혁명 때 일본 정부가 파견한 동학농민군 진압군에게 처형된 인물의 두개골로 파악하고 있는데요, 그 인골을 입수한 경위가 설명돼 있는 메모가 유골에 대한 결정적인 정보를 주고 있습니다. 메모를 적은 사람은 사토 마사지로란 인물인데요, 유골의 행로를 알 수 있는 단서가 있다는 건 한국 측에는 상당히 고무적인 일입니다."

일본 홋카이도 대학의 한국인 유골 방치 사건, '조선 동학당 수괴 수급'에 관한 이야기를 현빈 씨 가족은 진도에 와서 처음 알게 됐다. 이 충격적인 사건은 1995년의 일이라고 한다. 일본에 방치돼 있던 동학군 지도자(수괴)의 유골이 고국으로 돌아온 건 그 이듬해였다. 100년 전 진도에서는 대체 어떤 일이 있었기에 동학군 지도자 유골이 일본에까지 가게 된 것일까?

일본군이 대규모로 잔인하게 동학농민군을 학살했다는 진도에 동학농민혁명 정신을 기리는 기념관 하나 없다는 사실이 현빈 씨는 놀랍고 실망스럽다. 지역 향토사가에 따르면, 올해 처음으로 진도 지역에서 동학농민혁명과 일본을 주제로 한 국제학술대회가 열릴 예정이라고 한다. 늦었지만 반가운 소식이다. 번듯한 기념관이 없다고 해서 갑오년의 참혹했던 역사적 사건들이 사라지는 것은 아니다. 현빈 씨 가족은 그동안 돌아봤던 그 어느 지역보다 더욱 열심히 역사의 현장을 답사할 생각이다. 비록 오래된 과거의 사건이지만 한 사람, 나아가 한 가족의 기억만으로도 존재할 수 있는 것이 역사라고 믿기 때문이다. 홋카이도 대학에서 반환된 동학군 대장의 유골은 지금 어떻게 되었을까?

박맹수 　　1996년에 한국 측 봉환단이 일본 홋카이도 현지에 가서 유골을 정중하게 모셔 왔는데, 아직까지도 진도 현지에 봉안할 수 있는 시설이 마련되지 않아서 현재 잠정적으로 전주 역사박물관에 안치되어 있습니다. 진도에서 이번에 국제학술대회를 통해서 봉환할 수 있는 여건이 조성되면, 고향 진도로 돌아올 수 있으리라 예상합니다.

동학군 지도자의 유골을 입수해 일본으로 가져간 사토 마사지로는 유골

전라도 진도편/ 제노사이드와 집단 매장지

이 발견된 홋카이도 대학의 전신인 삿포로 농학교 졸업생이었다. 그는 일본에서 농업기사로 일을 하다 1906년에 한국통감부에 파견되어 진도에서 근무했다. 본국으로 귀환할 때 동학군 지도자의 유골을 반출한 것이다.

일본은 러일전쟁 후 한국에 '보호조약'을 강요하며 진도 지역에 면화재배 정책을 폈는데 사토 마사지로는 한국에서 면화를 재배하는 소작인들을 관리하는 임무를 맡았던 일본인이다.

사토 마사지로는 일본군이 산기슭에 버리고 간 것을 주운 것이라며 다음과 같이 적고 있다.

메이지 27년 조선 동학당 봉기가 일어났다. 전라남도 진도는 그들이 가장 창궐한 곳이어서 그들을 평정하고 돌아올 때 그 주모자 수백 명을 죽이고 사체를 길옆에 쪽 늘어놓았다. 수괴의 머리를 옥문에 매달았는데, 위의 해골은 그중의 하나다. 이 섬 전체를 시찰하면서 수집한 것이다

박맹수   사토 마사지로가 기록한 문서를 보면, 수백 명을 처형해서 길에 시신이 널려 있었다는 기록이 나오는데, 당시 천도교 측 자료들을 조사해 보니까, 거기에는 수십 명으로 나와요. 그다음에 1910년 무렵 진도에서 간행된 향토 기록에도 수백 명이라고 나옵니다. 그러니까 대체로 숫자에 차이는 있지만, 일본군이 들어와, 최소한 몇 백 명의 동학

홋카이도대학에서 발견된 동학군지도자 유골

농민군을 여기서 처형했다고 하는 것은 일본 측 기록, 권태훈 선생님의 증언, 천도교 측 기록, 그리고 진도군의 향토 기록을 보면, 거의 사실에 가까운 것으로 보입니다. 일본 현지에서 일본군이 조선에서 어떤 작전들을 지휘했는지에 관련된 기록이 계속 발굴되고 있는데, 대표적인 것이 앞서 말한 미나미 고시로 문서입니다. 그 기록을 보면, 일본군 일개 중대가 우수영까지 내려왔어요. 일개 중대이면, 약 200명이고, 그중에서 일부 병력으로 구성한 지대를 진도로 파견했다는 기록이 나옵니다. 일본 쪽 기록을 보면, 정확하게 주한일본공사관의 기록에도 나오는데, 일본군 지대를 숫자로 환산해 보면 최소 50명, 많으면 70명 정도가 진도까지 들어왔습니다. 음력으로 갑오년 12월 23일이니까 양력으로는 1월 20일에서 25일경쯤 되는 것 같아요. 3박 4일을 여기서 머물더라고요. 하루가 아니고 3박 4일을 머물렀다는 사실에서 진도 동학군의 희생이 컸다는 것을 알 수 있습니다. 800명까지 나왔다 또는 수백 명이 여기서 희생당했다 하는데, 거의 확실한 것 같습니다.

사토 마사지로가 불법으로 유골을 반출해 간 동학군 지도자는 어떤 분이었을지 현빈 씨는 궁금하다. 또한 그 후손들이 이 사실을 알게 된다면 그 심정은 어떠할지를 생각하니 의분을 참기 힘들다. 일본 홋카이도 대학 표본 창고에 방치돼 있던 유골의 존재가 언론 보도를 통해 한국에 알려졌던 1996

진도 동학군 매장지

년 당시, 놀람과 함께 커다란 책임감을 느꼈던 한국의 학자들은 방대한 자료 검토와 진도 주민들의 증언을 통해 유골이 누구의 것인지 잠정적으로 확정하기에 이르렀다. 그때 밝혀낸 결과는 진도에서 동학농민군을 이끌었던 박중진 대장이 가장 유력한 후보자였다.

유골 봉환 문제로 일본 홋카이도 대학의 이노우에 가쓰오 교수께서 진도로 전화를 했다. 그는 유골이 발견된 후, 대학 측 '인골 문제 조사위원회'의 책임을 맡고 있었다. 그가 유골의 주인이 누구로 추정되는지 물어보았을 때, 『진도군지』에 진도 동학농민군으로는 유일하게 조도면 출신 박중진이 기록되어 있는데 그분일 가능성이 있다고 말해 줬다고 한다. 그 때문에 한동안 유골이 박중진인 것으로 알려지게 되었다.

현해탄을 건너갔던 유골은 90년 만에 고국 땅으로 돌아왔다. 하지만 동학군 지도자의 유골은 사토 사마지로가 유골을 처음 입수했던 장소인 진도로는 가지 못했다. 어떤 이유에서였을까?

박맹수   대체로 한 20년 동안 후손을 특정하기 위해서 진도의 동학군 지도자들을 전부 확인해서 다섯 분 정도의 이름이 나왔습니다. 박중진 외에 김수정, 손행권도 포함되었습니다. 국립과학수사연구원·연세대학교·조선대학교 등 3개 기관의 해부학 전문가와 DNA 감정 전문가에게 감정을 의뢰하였습니다. 그러나 직계 후손이라야 DNA 일치 여부를 확인할 수 있는데, 직계 후손을 특정할 단서가 없어서 이를 확인할 수 없었습니다. 그리고 전체적으로 지난번 조사 과정에서 유골에 묻어 있던 흙 성분하고, 우리들이 서 있는 송현리 3군데 지역의 표면의 흙이 변해 있으므로 1미터 깊이로 파 들어가서, 흙 성분이 변형이 안 된 곳을 채취하여 국립과학수사연구원에서 대조해 보니까, 흙성분이 일치했습니다. 따라서 이곳에서 유출된 것은 확실하지만, 직계 후손을 단정할 수 없기 때문에 누구라고 명확히 밝히기는 어렵다는 것입니다. 결과를 종합해 보자면, 유골의 주인은 갑오년 당시 진도에서 활약했던 동학농민군의 지도자라는 데까지 지금 정리가 되어 있습니다.

지금 사실은 갑오년에 희생된 유골 중 발견된 것은 진도의 동학 지도자의 유골이 유일하거든요. 그런 점에서 기념사업과 의미를 후세에 교육하기 위해 전시하는 문제를 해결하려는 움직임들이 활발합니다. 10월의 국제학술대회는 진도 동학농민운동 연구에 기폭제가 될 전망입니다. 특히 의미 있는 일은, 가해자라고 할 수 있는 일본 측에서 양심 있는 학자들이 대거 오셔서 과거 일본의 과오를 밝힘으로써 그 피해를 입은 진도의 후손들과 화해의 자리를 만든다는 것입니다. 그래서 아픈 과거의 상처를 딛고, 화해와 상생의 미래를 이야기할 수 있을 것입니다. 오늘 오신 박주언 선생님이 현지에서 열심히 준비를 하고 계십니다.

돈키호테가 말했다. "이룰 수 없는 꿈을 꾸고, 이루어질 수 없는 사랑을 하고, 싸워 이길 수 없는 적과 싸움을 하고, 견딜 수 없는 고통을 견디며, 삽을 수 없는 저 하늘의 별을 잡자!" 현빈 씨는 '동학군 유골'의 주인공도 갑오년 그 시절에 그렇게 살았을 것이라고 생각한다.

현빈 씨는 오늘 밤 꿈꾸고, 꿈꾸고, 꿈꾸며 새벽녘 먼동이 터오는 것을 보고 싶다는 마음이 간절했다.

솔개재의 까닭 있는 도깨비들

　현빈 씨 가족이 탄 자동차는 진도의 한적한 시골 도로를 달린다. 동학농민군 집단 매장지였던 솔개재로 가는 길이다. 진도군 진도읍 교동리 일대. 솔개재가 집단 매장지로 밝혀지기는 했지만, 표지판 하나 없단다. 역사의 현장을 답사하는 일은 과거로의 여행과도 같다. 과거란 현재의 모습과 달라서 당시를 상상하는 일은 쉽지 않다. 진도군처럼 공식화된 유적지가 많지 않은 경우에는 더욱 그렇다. 역사 지식을 갖추고 있지 못하면, 대한민국의 척추를 구성하고 있는 과거 속의 사건들을 알지 못한 채로 검뿌연 먼지구름만 만나게 된다. 현빈 씨 가족은 아는 사람만 아는 솔개재에 묻혀 있는 흥미로운 이야기를 찾아서 출발한다.

　박주언 (진도의 향토사가)　당시 이 일대에 집이 전혀 없었습니다. 이 일대는 아기들 시체나 서남(庶男; 첩이 낳은 아들)을 오쟁이에 담아서 버려두고 갔던 그런 후미진 곳이었거든요. 과거 이곳에 동학군 사체를 모두 갖다 버리고, 대개는 효수를 했는데, 효수한 시신의 머리 하나가 일본으로 갔다가 돌아온 사실을 이쪽 사람들 대부분이 압니다. 얼마 전까지만 해도 무서워서 이 고개를 피해 다녔어요. 옆 마을로 돌아다닌 거죠. 한 십년이 됐나… 근처에 아파트를 지으려고 땅을 팔 때 귀신이 나왔다는 이야기가 있었어요. 그러니 사람들이 무서워 여기에 잘 안 옵니다. 일본에서 발견된 해골에 묻어 있는 흙하고, 박 교수가 여기서 채취한 흙을 대조해 보니까 일치했고, 그래서 이 장소가 시신이 버려졌던 그 장소인 게 확인되었습니다.

동학농민군이 패배하여 흩어지고 동학농민혁명이 마무리 단계에 접어들 무렵 조선 정부는 진도에 경군 삼십 명을 파견했다. 일본군 일개 지대도 12월 26일 진도의 벽파진으로 상륙했다고 한다. 진도 읍내에는 12월 27일에 들어왔다고 하는데, 그보다 앞서서 많은 동학농민군들이 진도의 수성군에게 붙잡혀 이미 처형을 당했다. 진도 주민들은 옛날 어른들로부터 이런 이야기를 들었다고 한다.

진도수성군이 동학군 서른 명인가를 죽인 뒤에 남문 밖에 버렸대지. 그런데 송장 냄새가 진동하니까, 다시 그 시체들을 솔개치라고 샘골에 내다 묻었대요. 소름끼 치게 끔찍했다구 그러더라구요.

『진도군지』에는 조도면 출신인 박중진을 비롯하여 동학군 오십여 명이 수성군에게 잡혀서, 읍의 서편 솔개재에 버려졌다는 것과 진도 읍내에 진입한 일본군도 동학농민군들을 색출해 솔개재에서 무자비하게 처형했음을 적어 놓았다고 한다.

박맹수 　일본군이 여기 와서 동학군을 처형하고 갈 때, 수백 구의 시체가 널려 있었어요. 그런 내용을 김태용 선생님이 들었다는 거예요. 그 내용을 나는 몰랐거든. 그러니까 사토 마사지로가 수백 구의 시체가 널려 있었다고 한 내용하고, 진도군수였던 권중면 선생의 이야기하고 그 내용이 딱 일치가 됩니다. 그 말씀을 하시기에 나도 깜짝 놀랐어요. 오늘 박주언 선생님한테, 권태훈 선생님에게 들은 이야기를 들어보시면 일본군이 여기 와서 동학군을 학살했던 일을 우리가 명백하게 증명할 수 있음을 알 수 있습니다.

박주언 　어떻게 보면 권태훈 씨보다 권태훈 씨의 부친인 권중면 씨가 더 유명해요. 봉운 권태훈 선생 사상이 지금도 전해지고 있드만⋯. 군수가 근무할 당시에 여처문 밖에 나갔는데, 농사를 짓지 않고 농지가 묵혀 있거든. 그래서 여기는 농사를 짓지 않고 왜 버려 두냐 하니까 같이 왔던 수행원이, "여기는 동학 때, 밖에서 동학군들을 데리고 와서 집단 처형한 곳이라 이 일대가 전부 그 시신들의 뼈가 묻혀 있어 귀신도

전라도 진도편/ 제노사이드와 집단 매장지

나오고 그래서 사람들이 무서워서 농사를 못 짓습니다." 하고 보고를 합니다. 그래서 권 군수가 어떻게 됐든지 간에, 사람의 뼈인데 이렇게 무더기로 널려 있는 것을 이대로 방치한다는 것은 안 된다며 무덤을 만들어 돼지 잡아서 합동으로 고사를 지내고…. 이렇게 처리를 해 줬어. 그러고는 한두 달 후에 늦은 밤은 아닌 것 같은데, 저기 옆에 건물이 옛날 동헌이거든… 저기 직선으로 쭉 도로… 저기 남문이 보이고… 그때는 여기까지 배가 들어왔어요. 그때는 저기 마루에 서면 돛대가 보이고 그랬는데, 어느 날 밤에 뱃노래가 들리더래요. 그리고 등불을 단 배들이 들어오고. 그래서 군수가 놀래 가지고 화적인가 해서 살펴보고 있는데, 보고하기를 죽은 동학군들 도깨비들이 나타났다고 하는 거야. 그 도깨비들이 노래 부른다고…. 아전 한 사람이 보고하기를 저 불이 나타나면 원혼이 다 꺼진다고….

권태훈 씨의 아버지 권중면 씨는 의로운 목민관이었던 것 같다. 구한말의 관리로서 어지러운 조정의 형세에도 불구하고, 고종에게 건의해 관군에 체포되어 옥에 갇혀 있던 동학농민군들을 석방시키기도 했다. 권중면 진도 군수는 충신의 예를 다하며 인의정치를 펴려 했고, 고종이 폐위되었을 때, 권태훈 씨의 어머니는 "임금이 욕을 당하면 신하는 죽어야 마땅하므로 아버지께서 자결하려 했지만 삼대독자인 너를 두고 차마 그러지 못하셨다. 하

전라도 진도편/ 제노사이드와 집단 매장지

진도 동학군 마을

니, 너는 이런 사실을 알아라."라고 하셨을 만큼 충효가 대단했다. 그러한 인품과 소신을 가졌기에 동학농민군들의 목숨도 살릴 수 있었던 것이 아닐까?

박맹수 오늘 진도군수 권중면 이야기가 흥미롭죠? 특히 아드님 권태훈 선생의 이야기는 지금까지는 전혀 학계에 알려지지 않았던 이야기고, 매스컴에도 최초로 소개되는 이야기인데, 여러 가지로 흥미로운 내용이 들어 있습니다. 백성들이 도저히 살 수가 없어서 민란을 일으키잖아요. 조선왕조 경국대전 형조의 원칙은 희생을 최소화하는 데 있어요. 그러니까 주동자 몇 사람만 처벌하고, 비교적 덜 무거운 죄를 지은 나머지 사람들은 석방하는 겁니다. 이렇게 관대한 처분을 하는 것이 경국대전의 형조의 원칙이었습니다. 그래서 어느 고을에 민란이 일어나면 주동자만 처형하고 나머지는 무죄방면했습니다. 그것이 조선왕조의 통치에서 근간에 깔려 있는 본래의 정신이었습니다. 덕의 정치, 인의 정치 원리에 의해서 그러한 식으로 지방행정을 펼쳤습니다. 권 군수의 이야기에서도 가능하나면 희생을 최소화하려고 한 그 정신을 엿볼 수 있습니다.

서석 전투와 원주 송골

— 강원도 홍천편

애국의 갈림길 자작고개

　이번 주에 현빈 씨 가족은 강원도의 대표적인 동학농민혁명군 전적지인 강원도 홍천군 서석면 풍암리에 와 있다. 유학자 맹영재가 이끄는 관군-민보군 연합부대와 강원도 지역 동학농민군이 결전을 펼친 격전지이다. 1894년 10월 22일의 일이다. 동학농민군은 풍암리에서 관군과 민보군의 연합부대를 맞아 장렬하게 싸웠지만 대패했다. 그 전투를 기점으로 강원도 동학농민군의 기세는 하염없이 꺾어지고, 강원도 지역 동학농민혁명의 역사도 막을 내렸다. 갑오년, 강원도에서는 늦은 여름부터 가을까지 동학농민군 세력이 활동했다고 한다. 남도 지방에 비해 다소 늦은 봉기였는데, 이유가 있었다.

　일본과 청나라가 강원도와 황해도 북부 지역에서 전쟁을 하고 있었던 것이다. 내 집 앞마당에서 벌어지고 있는 청일전쟁 때문에 탐관오리들의 학정에 저항할 여유가 없었던 것이다. 더구나 일본군에게 패한 청나라 패잔병들은 퇴각하면서 지나치는 마을마다 극심하게 약탈을 하고, 그마저도 모자라 강원 관청에 군량을 비롯해 소와 말 등을 요구했다. 이에 강원감사와 지방관은 조정의 허락도 없이 백성들에게 곡식 등을 세금처럼 거둬들여 민폐를 끼쳤다. 얼마나 그 폐해가 심했던지, 조정에서조차 양민들을 학대한 관리들의 징계를 논의할 정도였다고 한다. 이미 해월 최시형은 9월 18일에 동학도들에게 기포령을 내린 상태였다. 그 와중에 일본군이 경복궁을 점령하고 내정간섭을 한다는 소식까지 전해지자 결국 강원도 지역 동학농민군도 봉기의 깃발을 들었다.

박맹수   당시의 우리 조선의 인구를 알려 주는 기록이 있어요. 일본 《국민신문》에서 1893년부터 조선에 파견한 기쿠치 겐조 특파원이 현지 취재하여 여섯 차례에 걸쳐서 보도한 〈동학당 탐정기〉에서도 알 수 있습니다. 그 밖에도 제가 1983년부터 동학 연구에 뛰어들어 전국을 돌아다니면서 삼십 몇 년을 연구 조사를 했습니다. 자료를 종합해 보면 갑오년 당시 조선 인구가 1,520만 명 정도였습니다. 그 당시 남자를 기준으로, 자기 본가나 처가 중 한 집은 동학 집안이었어요. 조선의 3분의 1이 동학 집안이었던 거지요. 1,520만 명 중 3분의 1이면 5백만 명 정도가 동학도이거나 동학도와 관련된 사람이었던 겁니다. 교통도 불

편하고, 통신망도 없고, 민초들의 지식 수준도 낮았던 그런 시대에 어떻게 인구의 3분의 1이 떨쳐 일어날 수 있었는지 도저히 이해가 안 됐는데, 2002년에 일본과 공동 개최한 월드컵 축구대회 응원전을 보면서 저는 동학혁명 당시의 분위기를 짐작할 수 있었습니다. 붉은 악마 현상에서 말입니다. 마지막 4강전 때 거리로 나왔던 사람 수가 700만이라고 했잖아요. 저도 붉은 악마로 참여했는데, 123년 전에 계급·계층·지식 유무와 관계없이 새로운 세상을 꿈꾸는 민초들이 들고일어난 그 현상이 바로 이것이구나 하고 느꼈습니다. 역사에는 그런 때가 있는 것이죠. 한국 근현대사에는 거대한 민중운동의 흐름들이 있잖아요. 동학농민혁명이 있었고, 건국을 하기까지의―물론 좌절이 되지만―해방 정국의 민중운동의 전통이 있었고, 그것이 4.19로 이어지고, 5.18로 이어지고, 그게 또 2002년 붉은 악마 현상으로 이어지고, 그다음에 또 촛불로 이어졌습니다. 122년 전 자신이 서 있는 세상이 한 번 바뀌기를 바라는 거대한 용틀임이 있었는데, 그때의 '범 동학도인' 500만 명 중 10분의 1 정도가 희생이 되었어요.

강원도는 산이 많고 평야가 적어 인구도 적었다. 다른 지방보다 민란도 크게 없었다고 한다. 그런데도 강원도에서 동학농민혁명이 어느 지역 못지않게 치열했다니 현빈 씨는 의아하다. 알고 보니 강원도에서 동학농민군들

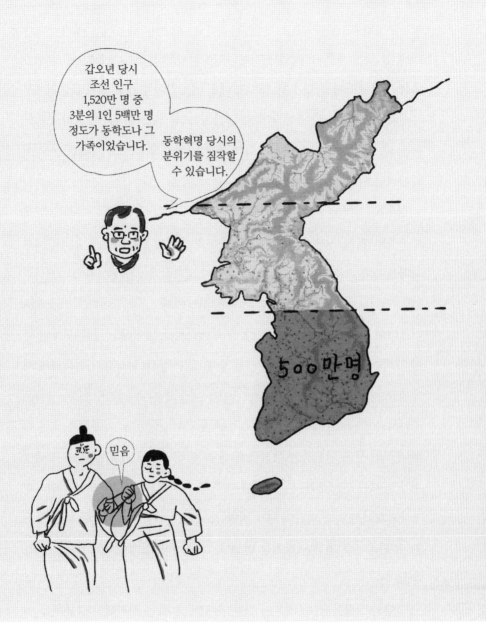

이 뚝심 있게 싸울 수 있었던 것은, 수운 최제우 선생이 처형된 뒤 그의 가족들이 강원도에서 숨어 지냈고, 또 해월 최시형이 강원도 인제 갑둔리에서 은신하며 동학의 경전『동경대전』을 간행하면서 포교를 한 것, 그리고 왕곡 마을 등 깊은 산골 마을을 전전하며 동학의 씨를 뿌리고 그 싹을 키운 것이 핵심적인 이유라고 한다.

강원도 지역의 동학농민혁명은 크게 두 계열로 전개되었다. 동학농민군 남부세력연합은 9월 4일 대관령을 넘어 일거에 강릉관아를 점령하고 폐정 개혁을 단행했다. 일본군 혼성 제9여단이 경복궁을 기습 점령하고, 조선의 왕을 인질로 삼아 나라의 존립을 뒤흔드는 때에, 구국 항전하는 마음으로 기포하여 승리를 거두고 폐정개혁을 단행하자 금방이라도 동학 세상의 문이 열리는 듯하였다. 그러나 기세를 올린 것도 잠시, 선교장의 이회원의 계략에 빠져 기습 공격을 받아 강릉관아를 내주고 패퇴하였다. 또 한 세력은 차기석을 중심으로 한 중부 내륙의 동학농민혁명이었다. 차기석은 봉기 직후 세곡미 등을 저장하는 동창(東倉)을 쳐서 군량미를 확보했다. 이후 맹영재가 이끄는 민보군과 일진일퇴를 거듭하다가 일본군이 가세한 뒤 서석면 자작고개에서 크게 패하여 세가 꺾였다. 11월에 접어들어 세력을 다시 결집한 뒤 관군과 치열한 공방전을 벌였다. 그중 내면 일대에서의 상황을 따라가 보자.

그때의 상황을 적은 기록이 있다. 농민군 토벌을 지휘했던 강릉부사 이

강원도 홍천편/ 서석전투와 원주 송골

회원의 『임영토비소록(臨瀛討匪小錄)』에서는 이렇게 전하고 있다.

11월 6일에 봉평대장 강위서가 군대를 이끌고 강원도 평창에 출병하여 창촌에서 묵었다. 차기석과 정운심 등이 밤을 이용해 강위서 부대를 공격하니 강위서 부대가 크게 패해 돌아왔다. 부상자 몇 명이 소모영 민보군 진영에 보고의 글을 올

해월 선생의 피신지 왕곡마을(강원도 고성군 죽왕면 왕곡마을길 36-13)

강원도 홍천편/ 서석전투와 원주 송골

리며 말하기를 "동학농민군 수천 명이 몰려왔사온대, 민보군의 군대는 수백 명에 지나지 않아서 상대할 수가 없으니 군사를 증파해 주시기를 바라옵니다."라고 하였다. 이에 민보군 박동의를 소모영 종사관으로 삼아 진부면의 군정을 인솔해 강위서에게 가서 돕게 했다. 또 강위서를 종사관으로 올려 기한을 정해 동학농민군들을 섬멸하도록 했다.

하지만 승리의 기쁨도 잠시였다. 동학농민군 차기석 부대는 곧 강위서 부대의 추격을 받게 된다. 곧바로 병정 모집에 나선 관군은 이석범을 종사관으로 임명하고 내면에 파견해 강위서·박동의와 합세해 동학농민군 토벌에 나서게 했다. 수색은 철저히 이루어졌다. 은신해 있던 동학군들이 잡히고 토벌에 성공하자, 허경·이석범·이국범·김익제 등이 민보군에 가세해, 차기석을 포함한 동학군들을 섬멸하고자 불시에 연합 작전을 전개한다. 『임영토비소록』의 기록이다.

사방에서 협공하니 포 소리가 땅을 울렸고, 연기가 골짜기에 가득해 동학농민군들이 놀라 궤멸하였다. 강위서 등은 동학농민군을 잡아 포살했고, 여러 군사들이 약수포를 돌아 들어가서 차기석을 생포했다. 붙잡힌 수백 명의 동학 무리들은 잘 타일러서 풀어 주었고, 수일 후 내면의 군사들은 차기석의 두 손을 등 뒤로 돌려 묶은 뒤 앞을 보게 한 다음 단장 위에 올려 교훈이 되도록 목을 베었다.

강원도 홍천편/ 서석전투와 원주 송골

홍천 동학혁명군위령탑(강원도 홍천군 서석면 풍암리 505-11)

차기석 대장은 일본군과 제대로 된 전투 한 번 치르지 못하고, 동포의 손에 죽었다. 현빈 씨 가족이 와 있는 홍천 풍암리 전적지 역시 일본군과의 전투가 아니라 같은 민족끼리 싸워야 했던 격전지이다. 그렇지만 일본군과의 전투가 전혀 없었던 건 아니었다. 평창 지역 동학군 3천여 명과 서울수비대인 제18대대 1중대(200여 명)와의 전투가 그것이다. 그러나 평창전투에서 동학군은 총 80명이 전사자를 내고 패퇴했다. 동학농민군이 신무기로 무장한 일본군과의 대적은 애초에 무리였던 것이다.

일본군은 미리 전투를 준비한 정황이 있다. 인천에 있던 이토 중좌와 이노우에는 강원도에 파견돼 있던 제18대대 1중대 이시모리 부대에게 강원도 평창을 평정한 후, 낙동 혹은 가흥으로 나아가 후명을 기다릴 것을 명했다고 한다. 이렇게 일본군은 한 발 앞서서 작전을 이행하고 있었으나, 동학농민군과 민보군은 서로 다른 애국의 길을 가고 있었기에 싸울 수밖에 없었다. 홍천 풍암리 전적지의 기념비는 애국의 의미를 다시 한 번 상기하게 해 주었다.

강원 지역 동학농민혁명은 다른 지역과는 다른 특징이 몇 가지 있다. 우선 유생들이 조직한 민보군들의 활약이 상대적으로 컸다. 그들의 신분은 유생과 지방 관리인 좌수, 진사 들이었고 보부상과 같은 중인 계급 출신도 대거 민보군에 가세했다. 선비와 지역의 부호들, 그 밖에 양반 지식층들이 똘똘 뭉쳐 동학농민군과 싸웠다.

강원도 동학농민군 지도자들 역시 유학자 신분이거나 진사 출신 등 양반 지식층이 많았다. 강릉 관아를 점거했던 평창 출신의 박재호, 강릉 임계면 출신의 이동익 등이 그렇다. 이들은 애국의 갈림길이었던 전투 현장에서 각자의 신념에 충실하여 구국 활동에 목숨을 걸고 싸웠다. 현빈 씨는 당시의 전투를 떠올리며 각자의 애국심으로 치열하게 싸우고 장렬하게 생을 마친 지식인들 앞에 머리를 숙였다. 그러나 진정으로 나라를 위하는 길은 단지 신념에 충실할 뿐만 아니라, 시대와 역사의 큰 흐름을 읽을 줄 아는 안목을 갖추지 못하면 그 말로가 어떠한지도 뼛속 깊이 새겨지는 듯하였다.

높이 날고 멀리 뛰어라

모든 위대한 일은 믿음으로부터 시작된다고 한다. 믿음이 없다면 사람은 아무것도 해낼 수가 없고, 그것이 있다면 모든 것이 가능하다고 말하는 이도 있다. 어떤 것을 보려거든 먼저 믿어야 한다고도 했다. 믿음은 가치 있는 삶을 창조하도록 도와주며, 실현을 가능하게 하는 최고의 조건이라 한다. 또한 믿음이란 온 힘을 다해 노력하는 것이고, 과감한 모험의 원동력이라고도 말했다. 해월 최시형 선생은 그런 믿음으로 평생을 살았다. 해월은 강원도 인제 갑둔리 마을에서 수운 최제우 선생이 집필한 『동경대전』을 목판 위에 새기며 사람이 하늘이 되는 개벽의 세상이 올 것이라고 믿었다. 제 몸, 제 힘, 제 생각을 가지고 쓰며 제대로 된 삶과 제대로 된 사회, 사람이 존중받고, 생명이 경시되지 않는 세계를 여는 일에 믿음을 가지지 못했다면, 이 땅에 동학농민혁명이라는 역사를 쓰지 못했을 것이다.

박맹수   지금 여러분들이 와 계신 곳은 행정구역상으로 강원도 인제군 남면 갑둔리 원갑둔마을의 입구입니다. 1880년 6월에 이 마을 김현수라는 동학도인의 집에 책을 찍는 목판을 새기는 각판소를 설치해서 해월 최시형 선생님과 동학도인들이 한 달 반 정도에 걸쳐서 『동경대전』 100부를 간행한 역사적 장소입니다. 그런데 지금 보시는 바와 같이 1980년대 후반부터 이쪽을 군사 훈련장으로 바꾸는 작업이 추진되어 1998년 무렵에 갑둔마을의 모든 민가가 철거되어 군사 훈련장에 포함되어 버렸습니다. 그래서 그 각판소가 있던 김현수의 집터는 사전에 미리 군부대에 신청을 해서 절차를 밟지 않으면 갈 수 없는 상황입니다. 오늘은 저희가 미리 준비하지 못하여 갈 수 없는 상황인데,『동경대전』이 여기서 간행된 의미를 같이 생각해 봤으면 좋겠어요.

먼저 강원도가 동학농민혁명에서 어떤 위치에 있는지 말씀드리겠습니다. 해월 선생을 비롯한 동학도인들이 관의 집중적인 지목(추적)을 받을 때 피신할 곳은 인적이 드물고, 포졸들이 따라오기 어려운 산간 지역일 수밖에 없잖아요. 1860년대 중반에서 1870년 초반까지 동학은 수운 선생 순도와 영해 이필제의 교조신원운동으로 경상도에서 대대적인 탄압을 받고, 1870년대 중반 이후에는 강원도 영월 · 정선 쪽으로 근거지를 옮겨서 은거하게 됩니다. 그때 민초들이 동학을 보호해서, 1870년대 후반에는 동학이 다시금 재건되어 성장하게 됩니다. 주로 영월 · 정선 지역 민초들이 그 역할을 해냈습니다. 1880년대에는 해월 선생께서 인제에 오셔서『동경대전』을 간행하게 되지요.『동경대전』간행 기록에 보면, 뒷바라지한 사람들의 출신 지역이 다 나와요. 거의 대부분이 강원도 출신입니다. 동학이 너무도 어려웠던 시절, 강원도 지역 민초들의 도움이 있었기에 오늘의 동학이 있는 것입니다. 그런 연고가 있는 강원도 지역은, 조선 팔도를 뒤흔든 동학농민혁명이 참담하게 실패한 후에도 해월 선생이 피신한 곳입니다. 해월 선생이 마지막 체포된 곳이 바로 강원도 원주입니다.

한국을 대표하는 가장 한국적인 철학과 사상이 동학이라고 박맹수 교수는 힘을 주어 말한다. 특히 동학의 그 동이라는 것이 동쪽이라는 의미도 있지만 바로 우리나라를 의미하기도 하는데, 따라서 동학은 이 땅에 어울리고, 민초들의 정서에 어울리고, 내가 서 있는 땅에 주체적으로 어울리는 사상이자 삶의 지혜이다. 그리고 그 동학이 오늘날까지 이어질 수 있게 결정적인 공을 세운 곳이 바로 강원도 땅이다. 사람들이 알아주기를 바라기는커녕, 남모르게 동학이 살아 숨쉴 수 있도록 땀과 노력, 그리고 정성을 쏟았을 강원도의 민중들. 학식의 유무를 불문하고 1870년대와 1880년대를 살면서도 미래를 꿰뚫어 보는 지혜로운 눈을 가졌던 사람들이 강원도의 민중들이다. 현빈 씨 가족은 갑둔마을을 돌아나와서 해월 최시형이 체포된 원주로 발길을 옮긴다.

박맹수   한 십 년 전쯤까지만 해도 여기 원주시 호저면 송골의 해월 선생 체포지는 방치되어 있었습니다. 그런데 이 지역 시민 단체에서 힘을 보태어 이나마라도 복원을 해 놨습니다. 이곳은 해월 선생님이

해월 선생 체포 표지비(강원도 원주 송골)

38년 동안 도망다니시다가 마지막으로 체포된 곳입니다. 종교적인 기록들을 보면, 이분이 도통해서 묵상을 하고 있으면 십 리 밖에 오는 사람이 보인다고 되어 있어요. 그래서 38년 동안 신출귀몰하는 도망자로 살 수 있었다고 합니다. 신비적인 기록들이죠. 그런데 지금은 잘 안 보이지만, 저 멀리서 보면 원주 쪽에서 여기 송골로 들어오는 길은 하나고, 뒤로는 세 군데로 길이 나 있어요. 그러니까 해월 선생님이 숨어 계신 데서는 앞에서 누군가 오는 걸 감시하기 좋고, 뒤로는 얼마든지 도망갈 수 있었던 거지요. 해월 선생이 머물던 곳은 대개 이런 식의 특징이 있습니다. 해월 선생이 지형의 특성을 꿰고 계셨던 것이죠. 그렇지만 해월 선생이 지형에 대한 해박함에만 의지해서 38년간 도피 생활이 가능했겠습니까? 이 땅의 민초들의 성원과 지지가 없었다면 그건 불가능한 일이었습니다. 현대에 와서 민주화운동이 있었을 때도 운동가들이 쫓길 때 많은 사람들이 숨겨 주었잖아요. 강원도는 민초들의 그런 성원과 지지가 있었던 성스러운 땅입니다.

답사를 정리하려 하니, 현빈 씨 가족은 '해냈다'는 성취감이 뿌듯하게 느껴졌다. 동학의 역사를 찾아 현장을 누빌 때마다 가슴 먹먹했던 일도 많이 있었다. 그러나 해월 선생의 마지막 기포 명령문에서 무한히 위대하고 아름다운 인간 군상들을 만난 것 같아 가슴이 뜨거워진다. "민중들은 겉으로 보면, 깨지는 것 같고, 부서지는 것 같고, 그렇게 해서 당하는 것처럼, 쓰러지는 것처럼 보이지만, 그 민중들의 독자적인 생명력이라는 것은 절대로 무너지지 않는다."는 박맹수 교수님의 말에서 현빈 씨는 자신도 모르게 움츠러들었던 어깨를 활짝 펼 수 있게 되었다. 그리고 123년 전 무참하게 쓰러져 갔던 동학농민군과 같은 상황에 처한 누군가를 만난다면, 이 말을 건네주리라. 어떠한 난관에도 굴하지 말고 너는 너는, 높이 날고 멀리 뛰어라!

강원도 홍천편/ 서석전투와 원주 송골

사람이 하늘이다

포졸들이 들이 닥치고 있소.

달서야! 각판소에 계시는 해월 선생님한테 어서 피신하시라 해라.

예, 아버지.

집주인 이시오?

아 예에, 나으리.

끼익

갑둔마을에 동학을 믿는 자가 있다는

밀고가 들어와서 조사를 나왔소.

사람이 하늘이다

김현수 접장? 몸은 괜찮으십니까?

끼익

해월 선생님. 아, 그럼요.

전 괜찮습니다. 많이 놀라 셨지요?

아니? 웬 봇짐을 지시고… 어디 가시려구요?

『동경대전』 간행을 모두 마치셨다고 합니다. 아버지.

네에?

예. 덕분에 『동경대전』 100부가 모두 완성되어 그렇지 않아도 떠나려던 참이었는데, 하마터면 댁에 화를 미칠 뻔했습니다.

『동경대전』 간행에 필요한 각판소까지 설치해 주시고, 공방터도 마련 해 주셨는데 말입니다.

정말 송구 스럽습니다.

송구하시다니요

그러믄요. 송구하실 것 없습니다.

저희한테는 경사스러운 날이지요.

『동경대전』을 다 찍어 내셨다니 이 얼마나 기다리던 일이었습니까!

그러니까요. 이 경사를 저희 집에서 오래도록 나누시지 않고,

어찌 불현듯 떠나려 하십니까?

지천지 이수천명.

하늘의 때를 알고 하늘의 명령을 받았으니 떠나야지요.

수운 선생님의 가르침을 널리 펼치는 것이 저의 임무가 아니겠습니까!

한 달 보름을 각별히 살펴 주셔서 고맙습니다. 그리고 달서야, 이거 받아라.

크햐. 이것이 『동경대전』 서책이옵니까?

강원도 홍천편/ 서석전투와 원주 송골

동학 창도의 성지 용담

—경상도 경주편

새로운 삶의 틀

　현빈 씨 가족은 신라 천 년의 고도, 경주를 방문했다. 사람이 하늘이라는 조선 민중의 인권 사상인 동학을 창시한 수운 최제우 선생의 고향이기 때문이다. 때마침 매년 동학 역사의 현장을 탐방하는 일본 시민들도 경주를 방문하였다. 한반도에서 19세기는 백성들이 스스로의 고귀함에 눈을 뜨는 '민권의 시대'였다고 한다. 자주적인 근대사상과 진리를 제시했던 수운 최제우 선생의 흔적을 만나는 일은 그런 의미에서 매우 가치 있는 일이다. 일본에서 건너온 24명의 시민단체 회원들은 과거 일본이 제국주의 시대에 저질렀던 만행의 역사적 진실을 알고 싶어 했다. 여전히 일본 정부는 역사적인 진실들을 감추며 증거를 인멸하고 왜곡한다고 한다. 일본 시민단체는 이에 대한 감시와 자료 확보를 위해 적극적인 활동을 벌인다고 했다.

오늘 경주를 찾은 이유도 동학농민혁명이라는 근대적 대혁명을 가능하게 했던 동학의 원류를 찾아 수운 최제우 선생의 사상적 배경을 알기 위해서라고 한다. 미국의 소설가 존 스타인벡은 인간은 유일하게 창조적인 동물이며, 인간은 단 하나의 창조 수단을 갖고 있는데, 그것은 개인의 독자적인 지성과 영혼이라고 했다. 그러면서 그 어떤 것도 두 사람에 의해 창조된 것은 없으며, 소중한 것은 개인의 독자적인 지성의 산물'임을 피력했다. 현빈 씨는 수운 최제우 선생이야말로 독자적인 지성과 영혼을 소유한 인물이었다는 것을 경주에 와서 비로소 느낄 수 있었다. '독자적인 지성과 영혼'이란 수많은 지식을 섭렵하고 포괄하지만 그것으로부터 자유로워지며, 거듭되는 명상을 두루 거친 뒤에 찾아오는 '앎의 비밀'이라고 현빈 씨는 생각한다. 다시 말해 일상적인 세계와는 차원이 다른 세계라고 할 수 있다. 동학의 창도지인 용담으로 가기에 앞서 먼저 경주 남산을 들렀다.

박맹수　여기는 경주 남산입니다. 불교는 신라 사람들이 국가의 신앙으로 또한 개인의 신앙으로 삼았던 종교였습니다. 부처님의 뜻이 이 지상에 실현되었으면 좋겠다는 신라 사람들의 염원에 따라 신라의 도읍지 경주의 왕성과 그 주변에 수많은 절과 불상과 탑들이 세워졌습니다. 여기 이 남산도 지금까지 잘 보존되어 있는 세계 문화유산 중 하나입니다. 신라 사람들의 그러한 소망을 생각하면서 답사를 시작하겠습니다. 먼저 신라의 귀족불교를 민중불교로 만드신 분이 원효스님이십니다. 바로 그 원효스님이 했던 역할을 근대로 들어오면서 수운 최제우 선생이 다시 하셨다고 생각합니다. 수운 선생 이전에는 퇴계학이라고 해서 유교가 조선의 지배 사상이었습니다. 따라서 조선 사대부가에서는 자녀를 교육할 때 다음과 같은 순서가 정해져 있었습니다. 주자학은 성리학을 달리 이르는 말인데, 하여튼 다섯 살에는 『동몽선습』을 읽고, 일곱 살에는 『천자문』을 읽고, 열 살에는 『논어』를 읽고, 열다섯 살에는 삼경을 읽고 그다음에 스무 살이 되면 고문집을 읽고, 그 외에도 수많은 서책을 읽어야 군자가 되고 성인이 된다는 식의 가르침을 시행했습니다. 그러나 수운 최제우 선생은 주문 하나만 열심히 외우면 군자도 되고 성인도 된다는 가르침을 내세우셨습니다. 이를 동학이라고 말하는데, 사실 이것은 신라 시대의 원효대사가 했던 역할과 같은 것이었습니다. 근대 19세기에 들어와서 말이죠. 원효대사가 귀족 불교를 민중 불교로 불교의 대중화를 이룬 것처럼, 수운 최제우 선생은 조선의 지배 사상인 성리학을 배경으로 동학을 민중의 사상으로 새롭게 등장시키신 것입니다. 그러한 민중 사상을 만든 덕분에 동학농민혁명이 일어나게 된 것입니다. 따라서 동학사상이 하늘에서 뚝 떨어진 것이 아닙니다. 동학은 그 밖에도 조선왕조 오백년 동안 숙성된 유학 또는 수천 년의 전령이 깃든 민간신앙과 서학까지 아우른 것입니다. 무

민간신앙

서학

유학

불교

동학

경상도 경주편/ 동학 창도의 성지 용담

엇보다 신라 천 년의 역사적 전통이나 귀족불교를 민중불교로 만들었던 원효의 정신이 바탕이 된 것입니다. 수운 최제우 선생은 이 모든 것을 자연스럽게 무의식적으로 계승하고 발전시키면서 동학으로 재탄생시켰습니다. 실제로 수운 선생의 『용담유사』를 읽어 보면, 불교 천 년의 경주 문화에 긍지와 자긍심이 굉장히 컸다는 것을 알 수 있습니다. 그러므로 동학은 결코 아무런 사상적 배경이 없이 잡다한 것을 섞어 갑자기 창조된 것이 아닙니다. 동학은 유구한 역사적 전통과 문화가 축적된 기반 위에서 생겨난 것입니다. 수운 선생은 득도하기 전에 양산에 있는 내원암과 적멸굴이라고 하는 자연동굴에서 기도하는 방법을 터득하는 내용들이 나옵니다. 수운 선생이 언제 불교를 배웠을까? 언제 불교의 영향을 받았을까? 이런 질문도 있는데, 득도하시기 전에 수도하는 과정에서 자연스럽게 주변 절에 다니시면서 불교 사상을 접했던 것으로 보아야 하는 것이지요. 불교는 민중의 종교이면서 여인의 종교입니다. 신라 시대에서는 통치 이념으로서 또한 국교로서 존재했고, 조선 시대에 들어와서는 불교의 폐단으로 인하여 유교가 통치 이데올로기가 되어 국가 이념으로 강조됩니다. 그러나 불교가 완전히 없어진 것이 아닙니다. 다시 말해서 민중의 종교로서, 또 여성의 종교로서 면면히 이어져 왔습니다.

수운 최제우 선생의 고향인 경주의 불교문화와 부친 근암공(최옥, 1762-
1840)에게 익힌 성리학(퇴계학), 그리고 17세기 초엽 남인(南人) 학자들에 의
해 등장한 서학(가톨릭)과 조선의 민간신앙 등을 수용하면서 동학사상이 탄
생한 것이라고 원광대학교 박맹수 교수는 말한다. 그러니까 동학사상은 홀
연히 나타난 것이 아니라 불교·유교·서학과 같은 지식이자 종교의 층위
에서 태동한 것이라고 박맹수 교수는 설명했다. 한마디로 동학은 잡다한 민
간신앙이 모여서 만들어진 저급한 사교(邪敎)가 아니라는 것이다. 박맹수
교수의 말을 더 들어 보자.

박맹수   일반인들뿐만 아니라 학자들도 지금까지는 동학이 민간신
앙 등을 잡다하게 모아서 만든 잡학처럼 수준 낮은 것으로 여겨 왔습
니다. 물론 식민지 시대의 일본의 지배층들이 그러한 생각을 가지도록
만들기도 했습니다. 하지만 그것은 사실이 아닙니다. 동학이 만들어진
것은 그 배경적 뿌리가 대단히 깊습니다. 현장을 보시면 느끼실 수 있
습니다. 동학이 탄생된 사상적 배경이 있는데, 첫 번째가, 신라 천 년의
불교문화입니다. 지금 보고 있는 천 년의 불교문화의 상징인 남산이
대표적입니다. 수운 최제우 선생은 득도하기 위해 사색하면서 남긴 한
글 가사로 된『용담유사』에 경주 땅에 태어난 자부심과 긍지, 경주의
역사와 전통을 모두 읊어 놓고 있습니다. 경주 남산에 있는 불교 유적

에서 불교문화를 몸으로 체득하고, 그 기운을 함께 받았다고 보는 것이지요. 두 번째가 유학 사상입니다. 수운 최제우 선생의 아버지 근암공은 퇴계학풍의 정통 유학자였어요. 함자는 최옥인데, 수운 최제우 선생은 아버지 근암공을 통해서 어렸을 때 퇴계학을 정통적으로 모두 전수받았습니다. 자그마치 10여 년을 배웠어요. 일반적으로 십여 년 정도에 학문 전수를 마친다고 보았을 때, 수운 최제우 선생은 퇴계학에 정통하였고, 그것 또한 동학의 배경이 되었다고 볼 수 있는 것입니다. 세 번째는 가톨릭입니다. 당시에는 가톨릭을 서학이라고 했는데, 수운 선생 주변에 서학에 뛰어들었던 문중 친척들이 있었어요. 그 가운데 우리나라 최초의 사제인 김대건 신부의 뒤를 이어 두 번째로 사제가 된 최양업 신부님이 수운 선생과 같은 경주 최씨입니다. 그러니까 19세기의 조선은 외부로부터의 근대적 소용돌이 속에서 한쪽은 서학으로 갔고, 다른 한쪽은 동학으로 갔던 것입니다. 이러한 사실은 저에게도 굉장히 흥미롭게 다가옵니다. 따라서 수운 선생은 자연스럽게 천주교를 접했습니다. 서학 쪽 사람들을 만나 가톨릭 서학을 알게 된 것입니다. 마지막으로 이것이 가장 주목해야 할 부분입니다. 수운 선생은 조선의 민간신앙을 수용했습니다. 민간신앙을 수용했다는 것은, 시대가 계급사회에서 모든 사람들이 평등한 사회로 열려 가고 있다는 것을 수운 선생이 깨달았다는 것입니다. 그래서 그 민중들이 원하고 꿈

가정리와 구미산과 용담계곡

꾸는 게 무엇일까? 그것을 수운 선생은 평생 고민하게 되었습니다. 사실 퇴계학 학자들은 이러한 동학의 사상적 배경에도 불구하고 동학을 이단으로 모는 것이 당시의 시대 분위기였습니다. 퇴계학은 계급학자들의 학문입니다. 그런데 동학은 계급학자들의 학문을 깨는 사상이었습니다. '사람이 하늘이다.' 이것이 동학의 핵심 사상인데, 불교와 퇴계학과 서학을 단순히 수용하기만 했다면, 이러한 동학사상은 나오지 않았을지도 모릅니다. 그러나 수운 선생은 새로운 시대에 민초들이 원하는 세상이 무엇인가를 고민하였던 것이고, 그 결과 백성들의 소망을 담은 민간신앙을 수용하면서 득도하게 되는 것입니다. '사람이 하늘이다.' 즉 민간신앙에서 탈피하여 평등사상으로 방향이 전환되면서 새로운 세상, 개벽의 사상이 등장하게 된 것입니다.

현빈 씨는 궁금하다. 수운 최제우 선생은 왜 민중이 원하는 것이 무엇인지 고민했을까? 민초들이 꿈꾸는 세상에 집착한 이유는 무엇이었을까? 어렵고 난해한 불교 · 유교 · 서학의 사상과 민간신앙까지 익혀 가며, 조선의 백성들이 원하는 세상을 고민한 데에는 분명 까닭이 있었을 것이다.

박맹수　　조선 후기의 부패가 얼마나 심했으면 당시 백성들이 한결같이 "조선은 망해라. 조선을 망해라." 했다는 기록이 사발통문에 있었겠습니까! 그러니까 제발 난리가 나서 조선이란 나라 땅은 망해 버리라는 그런 기록이 있었어요. 조선 백성들의 심정이 그러하니 동학농민혁명에 모두가 뛰어들었던 것입니다. 당시 민중들은 전염병에 걸려 죽으나, 먹을 것이 없어 굶어 죽으나 어차피 죽을 바에는 이 세상이나 한 번 좋게 만드는 꿈이라도 꾸면서 싸우다 죽자는 울분에 찬 심정으로 살아야 했던 것입니다. 그런 암흑의 세상이 1894년에 있었던 것입니다.

동학을 창도하기 전 수운이 이 세상을 건질 도를 찾아 방방곡곡을 떠돌던 1844년부터 1854년까지의 10년은 조선의 땅덩어리가 온통 어수선한 시기였다. 한마디로 조선조가 해체기에 접어든 때였다. 권세를 틀어쥔 고관들은 지방 수령들과 짜고 온갖 수탈을 일삼았다. 수운의 눈에도 향촌 사회가 무너져 가는 것이 보였다. 『목민심서』에서 이 시기를 '향청과 이청에서의 태질은 셀 수가 없으며, 군관 장관을 시켜도 뿌리를 뽑을 수 없으니 백성들이 감당하기 어려운 때'라고 하였다. 또한 이들과 결탁한 아전들의 갈취 행위는 극에 이르렀다. "오늘의 아전들은 재상들과 결탁하고, 감사와 결탁되어 있다."는 것이다. 재상·감사·군수·아전 등 이 네 부류는 한통속이 되어 백성의 전재를 무차별하게 늑탈하여 나누어 먹었다. 아전과 수령들은 밑에서 먹어 치우고 감사나 재상들은 강제로 상납한 재물을 나누어 먹었다. 나라 안이 온통 썩어 버린 것을 본 수운은 삶의 틀이 해체기를 맞았다고 하였다.

이러한 총체적인 난국을 수운 최제우 선생은「포덕문」에서 "나라를 바로 잡고 백성을 편케 할 계책을 어떻게 마련할 것인가!" 하고 통탄하였다. 나라 안팎에서 민중의 삶이 무너지는 시대를 목도하며 한탄했던 수운 선생은, 인생의 위대한 목적은 지식이 아니라 행동이라 했다. 동학 연구자요 그 자신이 훌륭한 동학도인(천도교인)이었던 삼암 표영삼 선생(1925-2008)은 낱낱이 목격하고, "모든 창도자들은 그 시대의 문화 수준을 반영하여 나름대로 과제 상황을 설정하고, 그 해답을 얻기 위해 상상을 넘어서는 수행에 들어간다."고 말했다. 수운 최제우 선생도 이와 다르지 않았다는 것이다. 우선 19세기 조선 민중들의 참담했던 문화 상황을 바꾸기 위한 새로운 이념, 즉 개벽을 이끄는 '도'의 발견이 필요했다는 것이다. 이것을 삼암 표영삼 선생은 '새로운 삶의 틀'이라고 표현했다. 수운 최제우 선생은 '새로운 삶의 틀'을 찾아 수행을 계속하였다. 수운 선생은 울산에서 정착하면서 기천수도를 시작한 지 5년 만인 1859년 가을 고향인 용담으로 돌아온다. 그리하여 용담정에서 지난 세월의 모든 성과를 곱씹으며 계속해서 수행한 지 6개월 만인 1860년 4월 5일(양 5.25), 37세 나이로 '사람이 하늘이 되는' 무극대도, 즉 동학사상을 이 땅에 탄생시킨다. 용담정에서 끊임없이 반복하여 한울님을 만나는 종교체험을 하게 된 것이다.

박맹수   용담정은 수운 선생이 오랜 구도 생활 끝에 1860년 4월 5일

경상도 경주편/ 동학 창도의 성지 용담

경주 용담정(경상북도 경주시 현곡면 용담정길 135)

득도하여 동학을 창도하신 역사적인 장소일 뿐만 아니라 성스러운 곳이기도 합니다. 수운 선생은 평등사상으로 민중들을 해방시켜서, 그자신이 스스로 평등한 세상의 본을 보였습니다. 한 예로, 노비 출신의여종 한 명을 수양딸로 삼고, 또 한 명은 며느리로 삼았습니다. 수양딸이었던 노비 출신의 할머니가 1920년대까지 살아계셨어요. 주씨 할머니로 불렀다고 기록되어 있습니다. 주씨 할머니의 증언을 기록한 것을 보면, 수운 선생은 자나 깨나 책만 읽었다고 합니다. 주씨 할머니가자기 전에도 수운 선생은 책을 읽고 계시고, 아침 일찍 일어나서 보아도 어느새 일어나 책을 읽고 계셨다고 했어요. 주씨 할머니는 "수운 선생은 어떻게 그렇게 매일 책을 읽는지 모르겠다."라고 하시면서, "자신은 수운 선생이 1860년에 득도하고 나서, 매일같이 찾아오는 수백 명의 제자들에게 밥을 해 대느라고 팔이 떨어져 나갈 지경이었다."고 했습니다. 주씨 할머니는 또한 "그 수백 명이 모두 어디서 잘까 의아했지만, 어떻게든 모두 잠을 잤다."고 했습니다. 그러한 기록과 증언을 보면수운 선생은 조선 사회에서 차별받는 민중이 꿈꾸는 세상을 위해 고민한 것을 알 수 있습니다. 그리고 녹자적인 민중 사상을 마련해 나간 것을 기록에서 파악할 수 있습니다.

1855년 3월에 동학 초기 기록을 통해 소개된 내용이다. 당시 울산 여시바

윗골에 머물며 사색으로 소일하고 계시던 수운 최제우 선생이 꿈결에 한 이상한 스님(異僧)을 만났다. 금강산 유점사에 서 왔다는 스님은 백일기도를 드리다가 희귀한 책 한 권을 받았는데 그 내용을 해독할 수 없어 애가 탔는데 수운 선생이 박식하기로 소문이 나서 찾아왔다며, 책을 내놓고는 홀연히 사라졌다. 그 후 수운 선생은 그 책에 적혀 있는 대로 사색이 아닌 다른 수단으로 수행 방법을 바꾸기로 하였다. 이런 꿈을 한 번도 꿔 본 적 없는 현빈 씨는 참으로 묘한 느낌이다.

박맹수 이곳은 수운 최제우 선생께서 1824년에 태어나신 생가입니다. 2014년도까지만 해도 터만 남아 있었는데, 경주시에서 동학과 동학농민혁명을 제대로 조명하고 계승하기 위해 이 생가를 복원하였습니다. 그동안, 신라문화, 불교문화의 성지이던 경주가 민중 사상을 주장한 수운 최제우 선생과 동학의 성지로 새롭게 자리매김되고 있는 것입니다. 이 사업은 한국 사회에서 동학사상의 위상이 달라지고 있다는 것을 보여주는 뜻깊은 사례이기도 합니다. 특히 수운 선생의 동학사상에 뿌리를 둔 동학농민혁명에 대한 한국 사회의 평가가 시간이 갈수록 대단히 긍정적인 방향으로 바뀌고 있습니다. 단지 외형적인 것만을 높이 평가하는 것이 아니라, 한국 사회도 정신적 뿌리와 민중 사상을 가지고 있었음을 인식하면서 바뀌고 있는 것이지요. 매우 바람직한 변화

수운 최제우 선생이 탄생한 경주 현곡면 가정리 전경

라고 생각합니다.

이 비는 '유허비(遺墟碑)'라고 하는데요, 수운 최제우 선생의 집터라는 것을 표시합니다. 유허비의 설명문을 보면, 1971년에 이 비를 세웠다고 기록되어 있습니다. 수운 선생이 20세 되던 해에 큰 불이 나서 소실된 이후 이 자리는 오랫동안 빈 터로 방치되어 있었습니다. 그 터를 표시하는 비가 바로 이 유허비입니다. 일제시대에도 상당 기간 동안 동학에 대한 평가는 없었습니다. 일제가 동학의 본질을 왜곡하는 방향으로 몰아갔기 때문에 동학의 평가가 별로 좋지 않았습니다. 폐허로 방치되었던 이곳에 1971년에 와서야 유허비를 세웠습니다. 당시는 박정희 전 대통령 재임 시기였는데, 박정희 당시 대통령은 한국의 대통령

중 최초로 동학농민혁명을 높이 평가한 대통령입니다. 물론 여러 가지 이유가 있었고 그중 정치적인 이유도 분명 있습니다. 그러나 박정희 전 대통령이 동학농민혁명을 높이 평가해 준 덕분에 거의 백여 년 동안 숨죽이고 살아야 했던 후손들이 공개적인 장소에서 자신들의 존재를 드러낼 수 있게 되었습니다. 그러나 그로부터 다시 반 세기가 흘러서야 생가를 복원하게 되었으니 동학의 길은 참으로 험난하고 멀다는 것을 실감할 수 있는 곳이 바로 이곳이기도 합니다.

동학은 조선 후기에 일정하게 성숙하고 있던 민중 의식을 기반으로 하면서 민중들의 현실적 요구와 이해를 집약하여 창도되었습니다. 동학은 몰락 양반의 후예로서 겪어야 했던 수운 선생의 개인적 고난과 갈등을 통해 자신의 깨달음 속에서 승화시키며, 대내외적으로 이중의 모순에 시달리던 조선 후기 민중들이 시대의 모순을 극복할 수 있게 하는 사상적·영성적 기반과 그 비전을 제시한 개벽적 사건이었습니다. 수운 선생은 바로 조선 후기 민중을 대표하여 당시의 민중 의식을 조직화한 종교적 천재, 즉 성인입니다. 수운 선생이 '낡은 삶의 틀'을 '새로운 삶의 틀'로 이끌 수 있었던 것은 각고의 구도 행각의 결실이자, 줄탁동시(啐啄同時, 병아리가 알에서 나오려고 할 때 병아리는 안에서, 어미는 밖에서 함께 알껍질을 깸)하는 한울님의 감응이 조화를 이룬 결과입니다. 수운 선생의 깨달음을 시천주(侍天主, 사람과 만물을 한울님을 모신

고귀하고 평등한 존재임)로 집약됩니다. 당시 조선 백성들이 이러한 평등사상에 눈을 뜨게 하려면 '새로운 도'가 필요함을 크게 깨닫고, 천신만고 끝에 '새로운 삶의 틀'로 향하는 '민중의 사상'을 발견했지만, 안타깝게도 유교 사관이 지배적인 조선 정부의 인정을 받지 못하고 탄압의 대상이 되었습니다.

이어서 현빈 씨는 24명의 일본의 시민단체 회원들과 함께 수운 최제우 선생의 태묘를 방문했다. 수운 선생은 1863년 12월 10일 경주 관아의 관리들에게 체포되었다. 사실 수운 선생의 체포는 그때가 두 번째였다. 처음 동학을 포덕하기 시작한 지 몇 개월 만에 경주 관아에 체포되었을 때에는 동학교도들이 경주관아로 달려가 항의한 끝에 석방되었다. 그때 모인 동학 도인들이 3백 명이 넘었다고 했다. 그러나 두 번째 체포에서는 석방되지 못하고, 경주에서 대구를 거쳐 서울로 압송된다. 압송하는 과정은 너무도 처참했다고 한다. 영천·대구·선산·상주·청산·보은·청안·직산·오산 등을 거치며 이리저리 끌려다니다가, 과천에 당도하였지만 철종이 사망하는 변고로 인하여, 수운 선생은 다시 대구 경상감영으로 압송된다. 그리고 대구에서 모진 심문 끝에 1864년 3월 10일 효수(목을 베어 처형함)를 당했다. 수운 선생은 심문을 받을 당시 다리가 우렛소리를 내며 부러지는 가혹한 고문과 고통 속에서도 유시(諭詩)를 남겼다.

등불이 물 위에 빛나니 그 사이에 틈새가 없고 燈明水上 無嫌隙

기둥이 말라 죽은 것 같지만 떠받치는 힘은 남아 있도다 柱似枯形 力有餘

이 시에서는, 쓰러져 가는 육체이지만 동학의 힘은 여전히 강건함을 굳건히 밝히고 있다. 담담하면서도 생명의 존엄함이 느껴지는 유시는 현빈 씨의 마음을 크게 울렸다. 모든 생명은 귀하고 숭고하며 신성한 것임을 가슴 저 밑바닥에서부터 진하게 느낄 수 있었다.

박맹수   수운 최제우 선생님은 대구 장대에서 효수형을 당했습니다. 그리고 사흘 동안 효시되었습니다. 효시라는 것은, 효수형으로 자른 두상을 높다란 장대에 걸어 놓는 것입니다. 이렇게 함으로써 백성들에게 "너희들도 변혁을 꾀한다면, 이렇게 똑같이 죽여 버리겠다."고 겁을 주는 것입니다. 수운 최제우 선생은 그렇게 3일간 대구 읍성 남문 밖 장대에 효시되었습니다. 3일이 지난 후에 제자들이 목숨을 걸고 시신을 수습하여 대구에서부터 이곳 경주까지 운구하였습니다. 당시는 공식적으로 장례를 치를 수도 없어서 몰래 묻었다가, 수운 선생과 해월 선생이 신원(1907년에 수운과 해월은 법적으로 신원되었다.)이 된 후에야 제대로 된 봉분을 조성할 수 있었습니다. 지금 보시는 묘소는 20여 년 전에 다시 한번 정비한 것입니다. 제가 답사를 많이 추진했지만, 수운 최제우 선생의 묘에서 일본분들을 안내하는 것은 처음입니다. 일본의 전문 동학 연구자들도 여기까지 오신 분이 한 분도 없어요. 나카츠카 선생님도 방문하지 못하셨고,『이단의 민중반란』이라는 최고의 걸작품을 쓰신 조경달 선생님도 마찬가지입니다. 동학사상의 진면목을 배우기 위해서 여기까지 오신 일본분들은 여러분들이 처음이에요. 다시 한 번 일본에서 이곳까지 와 주신 여러분들에게 진심으로 감사드리면서 답사를 마치겠습니다.

공교롭게도 올 한 해의 동학답사는 1894년 동학농민혁명으로부터 시작하여 시간을 거슬러 그 근본을 헤아리면서 마감이 되었다. 현빈 씨는 그 의미를 곱씹어 보았다. 그래서 이 무덤(태묘)은 수운 선생의 생애가 끝난 자리가 아니라 동학이, 후천 무극대도의 다시개벽이 시작되는 자리라는 걸 느낄 수 있었다. 끝나는 곳에서 다시 시작하는 것이 수운 선생이 말한 순환지리이겠지. 올 한 해 지나쳐온 동학농민혁명의 그 역사의 자리도, 과거의 자리도 멀어진 것이 아니라 앞으로의 내가 가는 길 위에 놓여 있겠지.

수운 선생의 육신이 우주로 떠난 자리, 태묘에서 동학으로 가는 길을 마무리하며 현빈 씨는 터벅터벅 세상으로 나아가기 시작했다.

저 멀리 석양이 지는 어디쯤에서 새 동학이 손짓하는 듯하였다.